Kirsten Boie
Alles ganz wunderbar weihnachtlich

Die Autorin:

Kirsten Boie, 1950 in Hamburg geboren, studierte Deutsch und Englisch, promovierte in Literaturwissenschaften und war Lehrerin an einem Gymnasium und an einer Gesamtschule, bevor sie für Kinder und Jugendliche zu schreiben begann. Inzwischen sind zahlreiche Bücher von ihr erschienen, die mit den verschiedensten Literaturpreisen ausgezeichnet wurden. Heute zählt Kirsten Boie zu den renommiertesten deutschen Autorinnen des modernen Kinder- und Jugendromans.
Weitere Titel von Kirsten Boie bei dtv junior: siehe Seite 4

Die Illustratorin:

Jutta Bauer, 1955 in Hamburg geboren, studierte an der Fachhochschule für Gestaltung in Hamburg. Sie illustriert seit vielen Jahren mit großem Erfolg Bilder-, Kinder- und Jugendbücher und hat sich auch als Cartoonistin einen Namen gemacht. Ihre Bücher wurden mehrfach ausgezeichnet, u. a. mit dem Troisdorfer Bilderbuchpreis.

Kirsten Boie

Alles ganz wunderbar weihnachtlich

Mit Bildern von Jutta Bauer

Deutscher Taschenbuch Verlag

Von Kirsten Boie sind außerdem bei dtv junior lieferbar:

Manchmal ist Jonas ein Löwe, dtv junior 70377
Das Ausgleichskind, dtv junior 70410
Mit Kindern redet ja keiner, dtv junior 70423
Nella-Propella, dtv junior 70429
Abschiedskuss für Saurus, dtv junior 70474
Jeder Tag ein Happening, dtv junior 70539
Ich ganz cool, dtv pocket 78105
Lisas Geschichte, Jasims Geschichte, dtv pocket 78122
Erwachsene reden. Marco hat was getan,
dtv pocket plus 78075

Ungekürzte Ausgabe
In neuer Rechtschreibung
November 1999
Deutscher Taschenbuch Verlag GmbH & Co. KG,
München
© 1992 Verlag Friedrich Oetinger, Hamburg
ISBN 3-7891-3104-0
Umschlagkonzept: Balk & Brumshagen
Umschlagbild: Jutta Bauer
Gesetzt aus der Baskerville 12/14ʻ
Gesamtherstellung: Kösel, Kempten
Printed in Germany · ISBN 3-423-70555-8
dtv junior im Internet: www.dtvjunior.de

Inhalt

Basteln für Oma Amerika

Bevor die richtige Weihnachtszeit kommt, ist immer erst Totensonntag, und das ist ziemlich dumm.

»Wollen wir nicht einfach mal ein paar Weihnachtskekse backen, Mama?«, fragt Jesper. Es hat schon den ganzen Nachmittag geregnet und Jesper fällt wirklich überhaupt nichts mehr zum Spielen ein.

»Bloß ein ganz paar?«

Mama schüttelt den Kopf. Sie hat sich das Bügelbrett in die Küche gestellt und hört Radio. »Erst wenn Totensonntag vorbei ist, mein Schatz«, sagt sie und bügelt Jannas Rosenkleid für das Weihnachtsmärchen. »Das weißt du doch. Erst kommt Totensonntag, dann kommt der erste Advent...«

»Nur ein ganz paar?«, fragt Jesper vorsichtig noch einmal. Aber Mama schüttelt nur wieder den Kopf und dreht das Radio leiser.

»Aber die Fensterbilder können wir vielleicht schon mal hochholen? Oder die Kerzenkerle?«, sagt Jesper.

Die Kerzenkerle sind zwei große Männer aus Holz, die haben komische rote Hosen an und

schwarze Jacken und in jeder Hand tragen sie eine Kerze. Das macht zusammen vier, für jeden Advent eine.

»Auch nicht die Kerzenkerle«, sagt Mama. »Und nicht den Adventskranz und auch keine Weihnachtsmusik. Die paar Tage bis nach Totensonntag wirst du doch wohl warten können!« Und jetzt bügelt sie Jespers feierliches weißes Hemd, zu dem er sich immer eine Fliege umbindet und aus dem der kleine Kirschsaftfleck unter dem Kragen bei dieser Wäsche wieder nicht rausgegangen ist. Da stecken sie dann immer ein Taschentuch in die Brusttasche, dass man ihn nicht so doll sieht.

»Na gut, na gut, na gut!«, sagt Jesper und verschwindet auf dem Flur. »Dann eben nicht!«

Im Kinderzimmer liegt Janna auf dem Fußboden und malt ein Weihnachtsbild. Janna kann viel bessere Bilder malen als Jesper und dabei ist sie fast zwei Jahre jünger. Aber Jesper kennt sich dafür mit Dinosauriern aus und außerdem kann er »Fu ruft Ufu« schreiben.

»Das darfst du nicht malen!«, schreit Jesper und kommt mit dem Fuß ein kleines bisschen auf

die Ecke von Jannas Bild. »Erst wenn Totensonntag war!«

»Darf ich wohl!«, brüllt Janna und reißt ihm das Bild unter dem Fuß weg. Jetzt ist die Ecke ab. »Im Kindergarten dürfen wir das auch!«

»Im Kindergarten, ja im Kindergarten!«, sagt Jesper und guckt, ob er in dem Rummelhaufen auf dem Fußboden irgendwo sein Dinosaurier-Klebebilder-Album finden kann. »Das ist ja auch für Babys! Da wissen sie wohl nicht, was sich gehört! In der Schule dürfen wir das nicht, niemals vor Totensonntag!« Dann schreit er auf. In ihrem Gitterbett sitzt Jule und blättert in seinem Dinosaurier-Album.

»Gib das sofort her!«, schreit Jesper. »Du sollst nicht an meine Sachen gehen, hab ich gesagt!«

»Und Weihnachtslieder singen wir da auch, jawohl!«, sagt Janna. Mit dem Filzstift malt sie dem Weihnachtsmann eine spitze rote Mütze. »›Ihr Kinderlein kommet‹ und ›Stihille Nacht‹...«

Da kommt Mama ins Kinderzimmer gestürmt. »Ihr Lieben!«, ruft sie. »Wir haben ja Oma Amerika vergessen! Wie gut, dass Jesper eben so gedrängelt hat, da ist es mir wieder eingefal-

len«, und sie will ihn schnell ein bisschen drü-
cken. Aber Jesper muss erst mal nachgucken, ob
Jule auch keine Bilder aus seinem Album geris-
sen hat.

»Wollen wir was basteln?«, fragt Janna und hört
auf zu malen. »Für Oma Amerika?«

Mama nickt. »Unbedingt, und zwar sofort«,
sagt sie. »Sonst kommt es nicht mehr rechtzeitig
an. Vielleicht mit Bügelperlen?«

Oma Amerika ist eigentlich gar keine richtige
Oma. Sie ist die Schwester von Papas Oma und
als junge Frau ist sie nach Amerika ausgewandert,
vor hundert Jahren ungefähr. Amerika ist furchtbar weit weg, das weiß Jesper schon lange. Irgendwo hinter dem Atlantischen Ozean, auf dem bei
seinem Wasserball-Globus ein Flicken klebt, weil
Jule ihn im letzten Sommer mit einer Stecknadel
angepikst hat. Genau zwischen England und
Amerika.

Und weil es so weit weg ist und weil Oma Amerika schon so alt ist, kriegt sie zu Weihnachten
immer schreckliches Heimweh. Darum muss man
ihr Pakete schicken mit selbst gebastelten Sachen
und Weihnachtskarten mit Rehen und Schnee-

bergen drauf. Und selbst gebackene Kekse tun sie auch immer dazu.

»Keinen Fall!«, sagt Jesper böse. »Keinen Fall bastel ich Oma Amerika was Weihnachtliches! Nicht vor Totensonntag.« Und er legt die Arme vor der Brust über Kreuz, damit Mama auch weiß, es ist ihm ernst damit.

Sowieso bastelt Jesper nicht so gerne. Beim Ausschneiden muss man immer aufpassen, dass man auf der Linie bleibt, und wenn man mal kurz daneben schneidet, ist gleich alles kaputt. Da baut Jesper lieber mit Legos.

»Es heißt ›*auf* keinen Fall‹«, sagt Mama. »Und du weißt genau, bei den Geschenken für Oma Amerika können wir uns nicht daran halten. Die *müssen* wir vor Totensonntag basteln, weil das Paket sonst den weiten Weg nach Amerika nicht mehr bis Weihnachten schafft. Nun komm schon, Jesper, sei nett. Du weißt doch, wie Oma Amerika sich immer freut.«

»Kommt nicht in Frage, keinen Fall!«, sagt Jesper und jetzt dreht er Mama auch noch den Rücken zu. Wenn sie noch lange weiter redet, wird er bestimmt ganz fürchterlich wütend. Er

merkt jetzt schon, wie es in seinen Beinen kribbelt.

Das ist ja wieder mal typisch ungerecht! Wenn Jesper die Kerzenkerle aufstellen möchte oder nur ein ganz paar klitzekleine Weihnachtskekse backen, geht das nicht wegen Totensonntag. Aber wenn Mama plötzlich will, dass man für Oma Amerika bastelt, ist auf einmal alles erlaubt.

»Kannst du ja selber machen!«, sagte Jesper böse. »Pöööh, ich bastel das nicht!«

Aber Janna ist schon aufgestanden. »O ja, Bügelperlen, Mama!«, sagt sie und schmeißt ihren Stift auf den Boden. »Da mach ich ein Herz und einen Stern und so ein Viereck. Das kann Oma Amerika sich dann in ihren Tannenbaum hängen, nicht, Mama? Alles rosa! Haben wir noch Rosa?«

»Müssen wir mal gucken«, sagt Mama und verschwindet mit Janna in Richtung Küche. »Sonst nimmst du eben andere Farben.«

Jesper setzt sich im Kinderzimmer auf den Boden. Sie hat sich nicht mal geärgert, denkt er düster. Mama hat sich nicht mal geärgert, dass ich

ihr nichts basteln will aus ihren blöden Bügelperlen.

»Hopsen!«, schreit Jule und hüpft in ihrem Gitterbett auf und ab. Jule ist natürlich noch zu
klein zum Basteln. Von Jule schicken sie Oma
Amerika immer nur ein Foto und einen Gruß.
»Hopsen, Jule!«

»Komm, Jule, ich les dir was vor«, sagt Jesper.
Neben seinem umgekippten Ranzen liegt die
Fibel auf dem Boden. »Komm, dann darfst du
zuhören.«

Jesper schlägt die Seite auf, die er schon kann,
und Jule kommt mit Anna-Pouchette auf dem
Arm und hockt sich neben ihn.

»Pass auf!«, sagt Jesper und zeigt mit dem Finger immer auf die Wörter. Sie sind richtig schön
groß. Wie Bilder. »Pass auf, Jule, jetzt les ich dir
das. ›Fu ruft Ufu.‹ Siehst du das da? ›Fu ruft Ufu.‹
Kann ich schon lesen.«

»Ufu, ja!«, ruft Jule und haut Pouchette mit
dem Kopf auf die Fibel. »Ufu, Pouchette!«

Aber auf die Fibel darf man ruhig hauen, da ist
Jesper nicht gleich wütend wie bei seinem Dinosaurier-Album. Die Fibel ist längst nicht so wertvoll.

15

»Ja, Ufu, genau«, sagt Jesper und schiebt Pouchettes Kopf zur Seite. In der Küche hört er Mama und Janna lachen. »Das kannst du jetzt auch schon lesen, Julemaus.«

»Ufu, ja!«, schreit Jule wichtig und verschwindet mit Pouchette wieder in ihrem Gitterbett. »Hopsen, Jule!« Jesper seufzt. »Das muss aber noch besser werden, Jule!«, sagt er mit vernünftiger Stimme. »Mit deiner Konzentration. Dass du länger zuhören kannst. Und stillsitzen. Das muss aber noch besser werden, unbedingt!« Und er hebt seinen Zeigefinger in die Luft, wie seine Lehrerin das auch immer macht.

Aus der Küche kommen jetzt Geräusche, die klingen wie Weihnachtslieder, aber das kann ja wohl nicht sein. Dass Mama einfach doch eine Weihnachtskassette eingelegt hat, vor Totensonntag, das kann ja wohl nicht sein.

Da steckt Janna den Kopf durch die Kinderzimmertür. »Komm in die Küche, Jule!«, sagt sie. »In diesem Jahr darfst du auch schon was basteln für Oma Amerika!«

Jule klettert aus ihrem Gitterbett und schmeißt Pouchette auf den Boden. »Ja!«, schreit Jule.

»Jule auch Omarika!« Dann verschwindet sie mit Janna in der Küche.

Im Kinderzimmer ist Jesper jetzt ganz allein. Mich hat sie gar nicht gefragt, denkt er böse. Mich hätte sie ja auch mal fragen können, ob ich jetzt nicht vielleicht *doch* was für Oma Amerika basteln will. Was ganz Kleines vielleicht. *Vielleicht* hätte ich ja gesagt. Aber wenn sie nicht fragt, ist Janna eben selber schuld.

Aus der Küche kommt wieder die Musik und jetzt hört Jesper ganz genau, dass es Weihnachtslieder sind. Das ist ja wieder mal typisch ungerecht, denkt er böse.

Wenn ich Mama frage, sagt sie, keine Weihnachtsmusik, aber jetzt, wo sie für Oma Amerika basteln ... Und dann hört er ein Geräusch, das ist noch viel, viel gemeiner als die Weihnachtslieder. Mamas Küchenmaschine! In der Küche hat Mama ihre Küchenmaschine angeschaltet und das kann doch wohl nur eins bedeuten. Das kann doch wohl nur bedeuten, dass sie da jetzt Weihnachtskekse backen. In der Küche hören sie Weihnachtsmusik und backen Weihnachtskekse und im Kinderzimmer sitzt Jesper ganz allein fast

im Dunkeln und hat gar nichts. Aber so ist es ja immer.

Ganz typisch ungerecht. Wenn Jesper jetzt nicht aufpasst, muss er vielleicht auch noch weinen.

Da geht plötzlich die Kinderzimmertür auf. »Na, Jesper?«, sagt Mama. »Möchtest du jetzt vielleicht nicht doch in die Küche kommen...«

»Pöööh!«, schreit Jesper und will ganz fest auf den Boden hauen. »Pöööh, will ich – will ich vielleicht doch«, sagt er und guckt Mama vorsichtig an. Aber Mama macht ein ganz normales Gesicht.

»Will ich vielleicht doch«, sagt Jesper und steht schnell auf. »Ich könnte dir vielleicht bei den Keksen helfen, Mama. Ausstechen. Ich könnte ja vielleicht Weihnachtskekse für Oma Amerika ausstechen und Janna bastelt mit Bügelperlen.«

»So hatte ich mir das auch gedacht«, sagt Mama und dann gehen sie zusammen in die Küche und da ist nicht nur die Weihnachtsmusik an, da steht sogar ein Kerzenkerl auf dem Küchentisch und leuchtet mit beiden Kerzen.

»Jule auch!«, schreit Jule und donnert einen kleinen grauen Teigklumpen auf den Fußboden. »Jule auch backen!«

Am Küchentisch sitzt Janna und steckt komplizierte Muster mit winzig kleinen Bügelperlen und Jesper sieht gleich, dass überhaupt kein Rosa mehr da ist.

»Na, dann wollen wir mal«, sagt Mama und rollt den Teigklumpen auf der Arbeitsplatte platt. »Hol du schon mal die Förmchen.«

Jesper geht zum Küchenschrank und holt die Dose mit den Weihnachts-Backformen. Na gut, typisch ungerecht, denkt er. Aber wenn Oma Amerika da doch ganz alleine ist. Und schon so alt in dem fremden Land. Da muss man mit dem Totensonntag eben mal eine Ausnahme machen. Man muss schließlich immer versuchen Menschen eine Freude zu machen. Besonders zu Weihnachten.

»Oh, prima, Jesper, vielen Dank!«, sagt Mama und rückt ihm einen Schemel vor die Arbeitsplatte. Wenn er da drauf steht, ist er groß genug zum Plätzchenausstechen. »Das ist natürlich jetzt nur eine Ausnahme. Hinterher kommen die Weihnachtssachen alle wieder in den Keller.«

»Ja, klar, weiß ich doch, Mama«, sagt Jesper und fängt mit den Engeln an. »Weiß ich doch alles.«

»Manchmal muss man Ausnahmen machen, Jesper«, sagt Mama. »Das merk dir mal gleich.«

»Weiß ich doch, Mama«, sagt Jesper. »Weiß ich doch alles.« Und dann sticht er als nächstes ein Schwein.

Jule ist verschwunden

Am zweiten Advent geht die ganze Familie immer zum Weihnachtsbasar ins Museum.

»Nee, pööh, da will ich gar nicht hin«, sagt Jesper, als Papa Jule eine Schleife ins Schuhband bindet. Janna kann das schon ganz alleine und Jesper hat Schuhe mit Klettverschluss. »Nee, pööh, da geh ich gar nicht mit. Ich geh da lieber zu Nicki, Mama.«

Nicki sitzt in der Schule neben Jesper und Nicki muss nie zum Basar ins Museum. Nicki guckt sonntags im Fernsehen immer die guten Filme, das ist besser. »Darf ich zu Nicki, Mama?«

»Nein, darfst du nicht«, sagt Mama ungeduldig. »Komm, zieh dir die Schuhe an. Ich weiß ganz genau, was ihr da wieder den ganzen Nachmittag treibt. Wenn ich wollte, dass du stundenlang fernsiehst, könnten wir das auch zu Hause erledigen.«

»Manno!«, schreit Jesper, aber da sieht er, dass Papa sich die Autoschlüssel schnappt, und da beeilt er sich doch. Wenn er mit Papa das Auto aus der Garage holt, darf Jesper immer vorne sitzen für das kurze Stück. Ausnahmsweise, sagt

Papa. Damit Jesper schon mal weiß, wie sich das anfühlt.

Aber als er dann auf der Fahrt zwischen Jule und Janna auf der Rückbank eingeklemmt ist, hat er doch wieder schlechte Laune. Janna singt Weihnachtslieder und Jule schläft und morgen erzählt Nicki in der Schule bestimmt wieder, was er alles im Fernsehen geguckt hat, und Jesper kann dann gar nichts sagen. Das ist doch mal wieder ganz typisch ungerecht. Im Museum passiert nie was.

»Sechzehn Weihnachtskarten brauchen wir, ich hab gezählt«, sagt Mama vorne zu Papa. Die Weihnachtskarten kaufen sie immer an so einem Stand, an dem auch knallbunte Pudelmützen verkauft werden und ganz komische Blockflöten. Das Geld kriegen dann arme Kinder in anderen Ländern und da hat Jesper gar nichts dagegen. Aber man könnte ihnen das Geld vielleicht auch einfach mit der Post schicken. Dann müsste Jesper am zweiten Advent nicht immer zum Basar.

Vor dem Museum ist kein Parkplatz zu finden und in den Straßen drumherum auch nicht.

Da müssen sie ein ganzes Stück weit weg parken.

»Manno!«, sagt Jesper maulig. »Auch noch laufen!«

Aber Mama und Papa tun so, als ob sie ihn gar nicht hören, und Mama hebt nur Jule aus dem Auto, damit sie bei ihr auf dem Arm weiter schlafen kann. Da läuft Jesper doch hinter Janna her zu der langen Mauer, auf der man balancieren kann, fast den ganzen Weg bis zum Museum, und wenn man runterfällt, fällt man vielleicht in Hundedreck. Darum ist das Balancieren richtig schön gruselig, auch wenn die Mauer nicht so hoch ist. In der Eingangshalle steht ein riesenhoher Tannenbaum, den würden sie zu Hause nie ins Wohnzimmer kriegen, und dahinter kann man schon die Eskimoabteilung sehen mit all den ausgestopften Rentieren und Schlittenhunden und den Eskimos. »*Die* sind aber nicht ausgestopft«, sagt Mama, »die waren *nie* richtig lebendig.«

Papa gibt die Jacken an der Garderobe ab und Mama passt auf, dass Jule nicht zu doll an den Zweigen vom Tannenbaum zieht, und dann gehen

sie endlich los. Aber im Museum ist es sogar noch viel langweiliger, als Jesper gedacht hat.

Vor der Vitrine, in der man sonst hinter Glas immer so gut die echten, alten Speere angucken kann, steht jetzt eine Frau und verkauft selbst genähte Puppen und von dem großen Turkmenenzelt ist überhaupt nichts mehr zu sehen, weil davor lauter Tische mit glitzernden Ohrringen und Halsketten und Armbändern aufgestellt sind.

»Manno!«, sagt Jesper. »Ich habe Durst!«

Im Museum gibt es ein tolles Restaurant, eine Treppe hoch, da stehen die Tische mitten zwischen Booten aus der Südsee und komischen Riesenfiguren und aus großen Schüsseln kann man sich selber Wackelpudding auffüllen. Roten und grünen. »Manno! Ich habe aber Durst!«

»Ach, Jesper, nun komm schon!«, sagt Papa. »Findest du das denn nicht auch schön weihnachtlich hier? Guck doch mal, all die schönen Stände...«

»Nee, finde ich blöde!«, sagt Jesper und Janna ruft: »Oh, Mama, guck mal, die Knusperhäuschen! Darf ich ein Knusperhäuschen, Mama?«

26

Die Knusperhäuschen gibt es an dem Stand, wo Mama auch immer die Weihnachtskarten kauft, und da bleiben sie jetzt alle stehen. Mama sucht sich sechzehn Karten aus und Janna hebt ganz vorsichtig alle Knusperhäuschen hoch. »Oh, guck mal, Mama, das möchte ich haben!«

»Na gut«, sagt Mama, »meinetwegen. Weil es doch für einen guten Zweck ist«, und dann darf sich Janna das schönste Knusperhäuschen aussuchen und Jesper merkt, wie er innen drin langsam wirklich böse wird. Das ist doch schon wieder mal ganz typisch ungerecht! Wenn er eine Brause will oder vielleicht ein klitzekleines bisschen grünen Wackelpudding, sagt Papa nein, aber Janna braucht natürlich nur zu fragen und schon hat sie ihr Knusperhäuschen. Und nur, weil das Geld dafür die armen Kinder kriegen! Langsam hat Jesper die Nase voll von den armen Kindern.

»Und du, Jesper, was möchtest du haben?«, fragt Mama, aber Jesper will kein niedliches, kleines Knusperhäuschen und auch keine bunte Pudelmütze, Jesper will Brause und Wackelpudding, und Punkt.

»Jaja, nachher, Jesper!«, sagt Mama ärgerlich. »Dass du aber auch immer nur an Essen und Trinken denkst!«

Dann zieht sie Papa am Ärmel. »Wo ist denn eigentlich Jule?«

»Die ist – die war eben noch ...«, sagt Papa und dabei dreht er sich einmal um sich selbst. »Jule! Wo bist du? Jule, komm mal her zu Papa!«

Aber Jule kommt nicht zu Papa und Jule kommt auch nicht zu Mama. Sie steht nicht mit Janna bei den Knusperhäuschen und sie zieht nicht an den unteren Zweigen vom Tannenbaum in der Eingangshalle. Jule ist tatsächlich verschwunden.

»Und ich habe gedacht, du hast ein Auge auf sie!«, sagt Mama böse zu Papa. »Wo ich doch die Weihnachtskarten ...«

»Jaja, keine Panik«, sagt Papa, aber er sieht jetzt selber ganz ängstlich aus. »Keine Panik, hier kann sie ja wohl kaum verloren gehen. Und überfahren werden kann sie im Museum auch nicht«, und er versucht sogar ein bisschen zu lachen, aber da wirft Mama ihm so einen Blick zu, dass er lieber schnell wieder aufhört. »Die Karten zahl

ich nachher«, sagt Mama aufgeregt zu der Frau an dem Arme-Kinder-Stand und die Frau nickt auch ganz lieb und sagt, jaja, keine Sorge, und viel Glück bei der Suche.

»Also jetzt passt mal auf«, sagt Mama. »Jetzt passt mal ganz genau auf. Janna bleibt jetzt bei mir, und Jesper, du bleibst bei Papa. Damit ihr nicht auch noch verloren geht! Ich geh mit Janna zu den Mumien und ihr könnt auf dieser Seite weiter suchen. Vielleicht ist sie ja hinten am Puppenstand! Oder die Eisbären findet sie doch immer so niedlich«, und Mama zieht Janna hinter sich her durch das Gedränge in Richtung Afrika.

»Ja, komm schon, Jesper«, sagt Papa und will Jesper an der Hand nehmen. Aber Jesper ist schließlich kein Baby mehr. »Und hör auch mal genau hin. Vielleicht brüllt sie irgendwo.«

Aber das tut Jule nicht und das ist doch wieder mal ganz typisch ungerecht. Wenn Jesper zu Hause seine Ruhe haben will, brüllt Jule von morgens bis abends, aber jetzt, wo sie sie suchen und ihr Gebrüll gut gebrauchen könnten, sagt sie keinen Mucks. Und das ist wirklich schade, weil man sie nämlich nur schwer suchen kann in dem ganzen

Gedränge. Überall schieben sich Leute an Ständen mit Teestövchen und Glaskugeln und Seidenschals vorbei und die ganze Zeit guckt Jesper zwischen all den vielen Beinen, ob er Jule irgendwo entdeckt. Aber Jule bleibt einfach verschwunden.

»Das gibt es doch gar nicht«, sagt Papa verzweifelt, als sie zum zweiten Mal den ganzen Weg von den Eskimos zu den Südseefischern abgesucht haben. In dem abgedunkelten Raum mit den Gruselmasken aus Bali waren sie sogar dreimal. »Sie kann sich doch nicht in Luft aufgelöst haben!«

Das glaubt Jesper auch nicht. Und entführt hat sie bestimmt auch niemand. Jesper kann sich nicht vorstellen, dass irgendwer Jule freiwillig nimmt.

»Ich hab Durst, Papa, jetzt hab ich aber wirklich Durst!«, sagt Jesper maulig. »Du hast gesagt, nachher, Papa, und jetzt ist aber nachher! Ich will jetzt was trinken!«

»Verdammt!«, schreit Papa. Ein paar Leute bleiben stehen und gucken Papa missbilligend an. »Hast du noch gar nicht gemerkt, dass deine Schwester verschwunden ist! Und du denkst an Essen und Trinken!« Jesper guckt auf den Fußbo-

den. Er hat gleich gewusst, dass es keine gute Idee war, in dieses alte Museum zu gehen.

»Kann ich doch nichts dafür!«, schreit Jesper und stampft mit dem Fuß auf. Da gucken noch ein paar Leute mehr.

»Hör zu«, sagt Papa und packt Jesper an den Schultern. »Jetzt hör mir mal zu. Ich geh jetzt nach vorne zum Pförtner und frage, ob sie hier auch so Ansagen durch den Lautsprecher machen können wie im Kaufhaus. Dann lassen wir Jule per Lautsprecher suchen. Und so lange bleibst du hier stehen. Damit du nicht auch noch verloren gehst! Du rührst dich nicht vom Fleck, Jesper, hörst du das? Keinen Schritt!«, und Papa verschwindet im Gedränge.

Ob Mama und Papa sich wohl auch so aufregen würden, wenn er verloren gegangen wäre, das würde Jesper gerne mal wissen. Und bei Nicki gucken sie jetzt bestimmt irgendwas mit Cowboys. Oder mit Verbrechern und Polizisten und er muss hier ganz still stehen und sich weihnachtlich fühlen! Wo die Stände sowieso alle langweilig sind. Und die Füße tun ihm auch langsam weh. Jesper setzt sich auf den Fußboden.

Neben seinem Gesicht sind jetzt die Beine von dem Tisch, auf dem oben die Armbänder liegen. Darunter stehen zwei Männerfüße in Stiefeln und zwei Frauenfüße in Stiefeln und dahinter sieht man die Bastwand von der Turkmenenjurte.

Ich merk das schon, wenn Papa wiederkommt, denkt Jesper. Ich guck zwischendurch immer mal nach ihm. Aber jetzt guck ich mir erst mal die Turkmenenjurte an, und er kriecht vorsichtig zwischen den Beinen durch unter den Tisch. Die Leute merken das sowieso nicht, die müssen gerade Armbänder verkaufen.

Die Turkenmenenjurte gefällt Jesper im Museum immer mit am besten. Sie ist ganz groß und echt und drinnen sitzt ein Mann aus Plastik in ganz komischem Zeug mit Wasserpfeife und guckt eine Teekanne an. Daneben liegt ein dicker Stapel Teppiche und darauf liegt jemand, der sieht aus wie ein Turkmenenkind. Aber nur fast.

»Jule!«, schreit Jesper und klettert über das Seil, das den Eingang versperrt. Wenn er Zeit hätte, könnte er vielleicht sogar lesen, was auf dem Schild steht, das an dem Seil festgemacht ist, aber einer, der »Fu ruft Ufu« schreiben kann,

kann sich natürlich auch so denken, dass es bestimmt »Betreten verboten« heißt. »Jule, du darfst doch hier nicht schlafen!«

Und dann rüttelt er Jule wach und Jule fängt an zu weinen, wie sie auch immer weint, wenn sie im Auto eingeschlafen ist und Mama hebt sie raus, und im Zelteingang steht plötzlich ein Mann im Anzug mit Schild an der Jacke und sagt ganz streng, dass das Betreten verboten ist. Das hatte Jesper sich ja gedacht.

»Ich hab hier nur meine Schwester gesucht!«, sagt Jesper und versucht Jule nach draußen zu ziehen.

Wenn Jule noch müde ist, ist das gar nicht so einfach. Und dann sind plötzlich auch Mama und Papa da und Papa nimmt Jule schnell auf den Arm und Mama drückt Jesper ganz fest und gibt ihm einen Kuss auf den Kopf. »Wenn wir dich nicht hätten, Jesper!«, sagt Mama. »Das hast du wirklich toll gemacht!«

Da guckt auch der Mann im Anzug nicht mehr so streng und Janna sieht so aus, als ob sie sich ein bisschen ärgert, dass *sie* Jule nicht gefunden hat.

»Jetzt hab ich aber Durst«, sagt Jesper schnell, bevor Mama wieder vergisst, wie tüchtig er war. »Jetzt hab ich aber wirklich Durst, du.«

Und Papa lacht und sagt, wenn er ehrlich sein soll, könnte er jetzt auch ganz gut eine kleine Stärkung gebrauchen.

Da gehen sie alle zusammen in das Restaurant im ersten Stock und zur Feier des Tages darf Jesper sich sogar zweimal von dem grünen Wackelpudding nehmen. Aber als sie wieder im Auto sitzen und schon fast zu Hause sind, schreit Mama plötzlich auf.

»Du liebe Güte!«, sagt sie. »Die Weihnachtskarten! Die haben wir in dem ganzen Trubel jetzt völlig vergessen!«

Jesper seufzt. Da mussten sie nun extra ins Museum fahren, um Weihnachtskarten zu kaufen, und dann vergisst Mama die auch noch. Aber wenigstens hat er Jule gerettet und zwei Portionen Wackelpudding gegessen. Und wenn Nicki morgen wieder von den Filmen anfängt, die er am Sonntag alle angucken durfte, wird Jesper ihm das mal erzählen.

Weihnachtsgeheimnisse

Jedes Jahr vor Weihnachten steckt irgendwann ein wunderbares buntes Heft im Briefkasten, das kommt direkt vom Weihnachtsmann, sagt Mama. Auf ganz vielen Seiten kann man Spielsachen angucken und dann kann man sich aussuchen, was man sich wünscht.

»Und muss man das bezahlen?«, fragt Janna und zeigt auf die Zahlen, die überall neben den Spielsachen abgedruckt sind. »Beim Weihnachtsmann? Warum stehen da denn Preise?«

»Das sind keine Preise«, sagt Mama und hebt Jule in ihren Hochstuhl, damit sie die Bilder auch angucken kann. »Das sind – Kennnummern.«

»Jaja, Kennnummern, jaja«, sagt Jesper und legt seinen Finger an die Stirn wie sonst immer, wenn er einen Vogel zeigt. »Jaja, Kennnummern, mhm, ja.«

Seit einem Jahr kennt Jesper das Geheimnis vom Weihnachtsmann, aber Mama sagt, Janna und Jule darf er es nicht erzählen, das fände sie ziemlich gemein. Das ist manchmal überhaupt nicht so einfach.

»Was sind denn Kennnummern, Mama?«, fragt Janna und blättert, bis sie zu der Seite mit den

Barbiepuppen kommt. »Wozu braucht man denn Kennnummern, Mama?«

»Die sind – für die Weihnachtswichtel, glaube ich«, sagt Mama. »Dass die wissen, was sie für die Kinder bauen sollen, dafür sind die.«

»Jaja, Weihnachtswichtel, jaja«, sagt Jesper und versucht Janna den Prospekt wegzuziehen. »Jaja, Wichtel, mhm, ja.«

»Lass das!«, sagt Janna und hält den Prospekt ganz fest.

»Und Barbies bauen die auch? Die Wichtel?«

»Ich glaube schon«, sagt Mama und sieht Jesper verschwörerisch an. Aber das braucht sie schon gar nicht mehr. Weil Jesper es nämlich eigentlich gar nicht so schlecht findet, wenn Janna immer so von den Wichteln redet. Und vom Weihnachtsmann.

Janna ist ja gerade erst fünf. Und Jesper ist bald sieben und geht schon zur Schule und kann »Fu ruft Ufu« schreiben. Da ist es doch klar, dass er nichts verrät.

»Ja, klar, die Wichtel«, sagt Jesper darum jetzt und zwinkert Mama über den Tisch ganz wild zu. »Die bauen die Wichtel, die Barbies.«

»Du weißt das ja gar nicht!«, sagt Janna böse. »Auch die gleichen wie im Geschäft, Mama? Auch die ganz genau gleichen? Weil ich nämlich eine Hochzeits-Barbie möchte und einen Hochzeits-Ken und ein rosa Auto...«

»Ich glaube, ganz genau die gleichen«, sagt Mama und lächelt Jesper an. »Doch, da hat Jesper Recht. Die bauen die Sachen, die Wichtel.«

Und dann darf Jule im Prospekt blättern und sich etwas aussuchen, aber Jule ist noch zu klein und reißt immer nur an den Seiten und darum kriegt ihn jetzt Jesper.

»Ich brauche ihn ja gar nicht«, sagt Jesper zu Mama. »Weil ich nämlich – das musst du dem Weihnachtsmann sagen, nicht, Mama? Weil ich nämlich bloß einen Hund will. Und der ist da ja nicht drin. Schäferhund.«

»Tja, Jesper, ich weiß nicht«, sagt Mama, aber da hat Janna sich den Prospekt schon wieder gegriffen.

»Schäferhund, haha!«, sagt sie überlegen. »Was du immer denkst! So was bringt doch der Weihnachtsmann nie! Das können ja die Wichtel nicht bauen!«

Aber Jesper hört gar nicht hin. »Nur einen Schäferhund, Mama«, sagt er schnell. »Oder vielleicht meinetwegen auch so einen strubbeligen, wie Thomas ihn hat. Und sonst will ich gar nichts.«

»Tja, ich weiß wirklich nicht, Jesper«, sagt Mama und drückt ihn ein bisschen. »Ich weiß wirklich nicht, ob – ob der Weihnachtsmann so was Lebendiges bringt.«

Aber damit kann sie ihm ja nicht mehr kommen. »Und für meine Eisenbahn, Mama«, sagt Jesper, »den Kühlwagen dafür, den wünscht sich sowieso, glaube ich, Jule. Und die Güterlok auch.« Jesper kitzelt Jule am Kinn. »Nicht, Julemaus? Du wünschst dir doch die Güterlok?«

»Lüterlok!«, ruft Jule und schnappt nach Jespers Hand. »Ja!«

»Da siehst du mal, Mama«, sagt Jesper zufrieden. »Jule wünscht sich ehrlich die Güterlok. Und ich wünsch mir nur einen Schäferhund. Sonst wünsch ich mir gar nichts.«

Eine Woche vor Weihnachten ist plötzlich die Schlafzimmertür abgeschlossen, als Jesper mittags aus der Schule nach Hause kommt.

»Das war sie ja vorhin schon!«, sagt Janna und rüttelt an der Klinke. »Als Mama mich vom Kindergarten abgeholt hat!«

Heute ist Mittwoch und da kommt immer Jannas Freundin Sarah-Lisa gleich nach dem Kindergarten mit nach Hause. Sarah-Lisa rüttelt jetzt auch.

»Ich glaube, da sind Weihnachtsgeschenke drin«, sagt Jesper und versucht durchs Schlüsselloch zu gucken. »Jawohl.«

»Weihnachtsgeschenke?«, sagt Janna. »In unserem Schlafzimmer? Du bist ja blöde! Die hat doch der Weihnachtsmann!« Und dann rennt sie ganz schnell in die Küche, um Mama zu fragen.

Mama teilt gerade das Mittagessen für die Kinder in vier ganz genau gleiche Portionen.

»Tja, also das Schlafzimmer…«, sagt Mama zu Janna, und Jesper wirft ihr über Jannas Kopf wieder einen von diesen Blicken zu. »Also, da hat der Jesper mal Recht. Da sind nämlich Weihnachtsgeheimnisse drin. Vom Weihnachtsmann. Und der hat mich gefragt, ob er das bei uns abladen darf.«

»Der Weihnachtsmann?«, fragt Janna ungläubig. »In unserem Schlafzimmer? Wo der doch bei sich so viel Platz hat? Da braucht der doch unser Schlafzimmer nicht!«

Jesper kichert, aber dann hört er gleich wieder auf.

»Das weiß ich nun auch nicht«, sagt Mama energisch. »Aber jedenfalls hat er mich gefragt, da mochte ich ihm das nicht abschlagen. Und nun steht unser Schlafzimmer voll.«

Sie nimmt zwei Teller von der Arbeitsplatte und stellt sie auf den Küchentisch. »Und jetzt wird gegessen!«, sagt Mama. »Sonst wird das Essen noch kalt.«

Beim Essen reden Janna und Sarah-Lisa die ganze Zeit vom Weihnachtsmann. Sarah-Lisa ist noch nicht mal fünf, da ist das ja kein Wunder.

»Mir bringt der auch 'ne Barbie«, sagt Sarah-Lisa und versucht die Erbsen ohne Finger auf ihren Löffel zu kriegen. »Mhm, ja, das tut der.«

»Mhm, das tut der«, sagt Janna, und weil sie ja zu Hause ist, steckt sie ein paar Erbsen mit den

Fingern in den Mund. »Und dann haben wir beide eine, nicht, Sarah-Lisa? Aber jetzt ist deine vielleicht noch in Lappland beim Weihnachtsmann. Und meine ist ja schon hier.«

»Ist meine gar nicht!«, sagt Sarah-Lisa und jetzt vergisst sie auch, dass sie nur zu Besuch ist und greift nach ihrem letzten Fischstäbchen. »Im Himmel ist die! Wo der Weihnachtsmann wohnt! Mit den Engeln!«

Aber Janna ist ja schon fünf und darum weiß sie das besser. »Nein, in Lappland, du, Sarah-Lisa«, sagt sie energisch. »Da wohnt ja der Weihnachtsmann. Mit seinen Wichteln.«

»Wohnt der gar nicht!«, ruft Sarah-Lisa. »Der wohnt im Himmel! Bei den Engeln!«

»Dummes Kind!«, sagt Janna. Jetzt ist sie richtig aufgebracht. Wenn eine erst vier ist, braucht sie gar nicht so zu tun. »Der wohnt in Lappland! Bei den Wichteln! Das weiß doch jeder! Da kannst du ja Jesper mal fragen. Nicht Jesper, wohnt der doch?«

Jesper hat seinen Teller fast leer.

»Jaja, in Lappland, hm, ja«, sagt Jesper und kichert.

»Da wohnt der, hm, ja«, und er versucht wieder Mama zuzuzwinkern, aber die steht an der Spüle und mischt sich nicht ein.

»Kannst du ja gar nicht wissen!«, schreit Sarah-Lisa. »Meine Mutter weiß das viel besser! Im Himmel wohnt der Weihnachtsmann, das sagt meine Mutter und die ist schon alt!«

»Meine Mutter ist auch alt!«, schreit Janna. »Oder, Mama?«

An der Spüle dreht Mama sich ganz langsam um.

»Naja, so ganz alt...«, sagt sie zögernd. »Aber so alt wie Sarah-Lisas Mutter bin ich wohl auch, ja, das schon«, und sie will weiter ihre Töpfe waschen.

Aber das lässt Janna nicht zu. »Und wo *wohnt* er jetzt, Mama?«, schreit sie. »Im Himmel oder in Lappland?«

Da fängt Sarah-Lisa wirklich an zu weinen. »Im Himmel«, schluchzt sie. »Im Himmel bei den Engeln, sonst lad ich dich nicht zu meinem Geburtstag ein!«

Da kommt Mama von der Spüle. Sie trocknet sich die Hände am Küchenhandtuch ab und

44

dann nimmt sie Sarah-Lisa in den Arm und sagt, dass das ja gar keiner entscheiden kann, weil doch niemand das Haus vom Weihnachtsmann gesehen hat. »Aber ich könnte mir vorstellen«, sagt Mama, »dass er im Himmel *und* in Lappland wohnt, versteht ihr? So wie Lüdermanns aus dem zweiten Stock. Die wohnen doch auch mal hier und mal in ihrem Wochenendhaus in der Heide. Vielleicht macht das der Weihnachtsmann auch.« Und Mama geht wieder zur Spüle.

»Und im Sommer macht er Ferien auf Mallorca!«, schreit Jesper und jetzt muss er so lachen, dass er fast mit seinem Stuhl umkippt. »Da zieht er sich die Badehose an!«

Aber Sarah-Lisa und Janna gucken gar nicht zu ihm hin und zum Nachtisch kriegt jeder ein Eis. Da vertragen die Mädchen sich wieder.

Es ist gar nicht so einfach, nicht ins Schlafzimmer zu gehen, wenn man weiß, wo Mama den Schlüssel versteckt hat. Nämlich im Eierfach im Kühlschrank, das hat Jesper gleich gesehen. Und nun ist er schon zweimal allein zu Hause gewe-

45

sen, aber er hat überhaupt nicht geschummelt. Einmal hat Mama Janna zum Kindergarten gebracht und einmal hat sie Jule von ihrem Freund Kai-Alexander abgeholt und Jesper musste die ganze Zeit so vor der Kühlschranktür stehen und über den Flur zum Schlafzimmer schielen, aber er hat es geschafft und hat gar nichts gemacht.

Und hinterher konnte er Mama noch nicht mal erzählen, wie tapfer er war! Weil sie dann doch gewusst hätte, dass Jesper das Schlüsselversteck kennt, und das braucht sie gar nicht zu wissen. Sonst tut sie den Schlüssel vielleicht noch woanders hin und wer weiß, ob Jesper jedesmal so tapfer sein will, wenn Mama weg ist.

Aber jetzt ist Mama mit Janna und Jule zur Post gegangen, Weihnachtskarten wegbringen, und als Jesper sich zum Schlafzimmer schleicht, sieht er es gleich: Mama hat den Schlüssel im Schlüsselloch stecken lassen!

Das darf doch nun wirklich nicht passieren, so kurz vor Weihnachten und wenn Jesper ganz allein zu Hause ist! Das ist doch nun wirklich nicht gut von Mama. Wenn Jesper heute nicht

schon wieder tapfer sein kann, ist Mama schuld und da braucht sie dann gar nicht zu jammern.

Jesper drückt vorsichtig die Klinke herunter und tatsächlich, die Tür geht auf. Ganz leicht geht sie auf und sie quietscht auch nicht und gar nichts, und wenn Jesper jetzt noch ein kleines bisschen dagegen drückt, kann er schon ins Schlafzimmer gucken.

Jesper stöhnt. Zum Beispiel nur mal angenommen, wenn die Tür abgeschlossen gewesen wäre. Also wenn Mama sie wenigstens *abgeschlossen* hätte und nur der Schlüssel hätte gesteckt – vielleicht, kann sein, dann hätte Jesper sie nicht aufgemacht. Ganz bestimmt hätte er das nicht getan! Er hat den Schlüssel ja auch immer im Kühlschrank gelassen, als er da versteckt war. Aber wenn Mama jetzt den Schlüssel stecken lässt und nicht mal die Tür abschließt...

Jesper drückt die Tür noch ein kleines bisschen weiter auf. Richtig spionieren ist es ja eigentlich nicht. Nach Weihnachtsgeschenken spionieren soll man nicht, das weiß Jesper natürlich, aber richtig spionieren ist es ja nicht. Wenn doch die

Tür offen ist! Das heißt dann vielleicht, dass gar keine Weihnachtsgeschenke mehr im Schlafzimmer sind. Bestimmt heißt es das. Da kann Jesper ja mal nachgucken.

Jesper steckt den Kopf in den Türspalt. Das Schlafzimmer sieht aus wie immer, nur vielleicht ein bisschen ordentlicher als sonst. Die Tagesdecke liegt über den Betten und die Schranktüren sind zu und auf Mamas Frisierkommode stehen alle ihre Töpfchen und Flaschen.

Also ein Hund ist es schon mal nicht, denkt Jesper. Also ein Hund ist hier ganz bestimmt nicht versteckt. Der würde ja bellen. Auch wenn sie den in den Schrank gesteckt hätten oder unter das Bett.

Ganz vorsichtig lässt Jesper sich auf die Knie fallen und hebt die Tagesdecke ein winziges bisschen hoch. Wenigstens gucken kann er ja mal. Kann ja auch sein, der Schäferhund schläft.

Und dann sieht er das rosa Paket. Die Hochzeits-Barbie!, denkt Jesper. Also kriegt Janna doch ihre Hochzeits-Barbie. Und daneben steht in einem rosa Kasten das Auto und dahinter...

Jesper lässt die Tagesdecke ganz schnell wieder

fallen. Kann sein, in dem Kasten dahinter ist die orange Güterlok. Es ist so dunkel unter dem Bett, da kann man es nicht genau sehen, aber hinter dem Barbie-Auto war ein Kasten, der sah genauso aus wie der von der orangen Güterlok. Vielleicht.

Ganz langsam steht Jesper wieder auf. Er merkt, wie ihm die Knie zittern, und das haben sie vorher erst einmal getan. Bei der Einschulung, als sie in der Aula seinen Namen aufgerufen haben und er musste nach vorne gehen. Aber jetzt zittern sie wieder.

Okay, denkt Jesper, okay. Die Tagesdecke liegt wieder ordentlich über dem Bett und er braucht nur zur anderen Seite zu gehen und sie da hoch-zuheben. Dann sieht er es gleich ganz genau.

Okay, denkt Jesper, na gut. Ganz vorsichtig geht er zur Tür, als ob ihn einer hören könnte. Vielleicht ist es die Güterlok und vielleicht auch nicht. Vielleicht aber doch.

Er zieht die Tür hinter sich zu und dreht den Schlüssel um. Da hat Mama aber wirklich noch mal Glück gehabt, dass sie einen so tollen Jungen hat. Der überhaupt kein bisschen spioniert.

49

Und dabei hat Mama das gar nicht verdient, die alte Schlusesuse. Aber Jesper ist trotzdem so toll.

In der Küche legt er den Schlüssel wieder ins Eierfach und dann geht Jesper in sein Zimmer und schreibt ganz viele Male »Ufu ruft Fu«. Das kann er nämlich auch. Nicht bloß »Fu ruft Ufu«.

Als Mama mit den Mädchen zurückkommt, hängt sie gar nicht erst ihren Mantel an den Haken.

»Jesper?«, ruft sie schon von der Wohnungstür. »Jesper, wo bist du?«

Dann stürzt sie zur Schlafzimmertür und drückt auf die Klinke. Aber die Tür bleibt geschlossen.

»Mensch Meier«, sagt Mama und lacht. »Da hab ich nun die ganze Zeit – könnt ihr euch das vorstellen? Da hab ich doch die ganze Zeit gedacht, ich habe den Schlüssel stecken lassen. So tütelig bin ich jetzt schon! Aber das ist der Weihnachtsstress«, und sie zieht Jule den Schneeanzug aus.

»Ja, das ist der Weihnachtsstress«, sagt Jesper

aus seinem Zimmer. »Und ich hab die ganze Zeit Hausaufgaben gemacht, Mama. ›Ufu ruft Fu‹. Kannst du selber gucken.«

»Ach, Jesper, wie lieb du bist«, sagt Mama und gibt Jesper einen Kuss auf den Hals.

Der Tannenbaum

Jedes Jahr am vierten Advent geht die ganze Familie zum Tannenbaumschlagen.

»Da bleibt er schön frisch«, sagt Papa. »Da nadelt er nicht bis Silvester.«

Das mit den Nadeln ist Jesper ganz egal, die kann man ja mit dem Staubsauger saugen. Aber trotzdem will er auch keinen Tannenbaum am Marktstand kaufen.

Selber schlagen ist besser.

»Kaufen kann ja jeder«, sagt Jesper zufrieden. »Ich trag wieder die Säge«, und dann zieht er Papas dicke Gartenhandschuhe an, die Papa extra nur fürs Tannenbaumschlagen braucht, weil sie doch gar keinen Garten haben, und Janna nimmt die Axt und ganz ausnahmsweise darf Jule die Säge aus Jespers Laubsägekasten tragen. Damit sie nicht traurig ist.

Eigentlich ist der Tannenbaumwald gar kein richtiger Wald, sondern eine Baumschule. Wenn man zu den Bäumen will, muss man sich erst durch ein Tor drängen und dann durch ein Gewächshaus, wo ganz viele Leute mit rot gefrorenen Nasen stehen und Glühwein trinken. Die haben sich auch alle schon einen Baum geschlagen.

Aus einem riesigen silbernen Topf riecht es nach Erbsensuppe und Würstchen und der beste Stand ist gleich neben der Tür. Da backen sie Waffeln mit Puderzucker.

»Na, dann wollen wir mal wieder«, sagt Papa und reibt sich die Hände. Beim Tannenbaumschlagen müssen alle gute Laune haben. »Dann kommt mal mit raus. Wir sind schließlich nicht zum Essen und Trinken gekommen.«

Und diesmal nörgelt Jesper auch kein bisschen. Nicht wie im Museum. Er weiß ja sowieso, dass es am Schluss noch einen heißen Apfelsaftpunsch gibt. Und vielleicht auch noch Waffeln mit Puderzucker.

Außerdem will Jesper jetzt erst mal den Tannenbaum schlagen. Sonst sind sie nachher schon ganz ausgesucht und gar keine schönen mehr da.

»Wieder einen gelben, Papa?«, fragte Jesper. »Wieder einen gelben, Papa, wie letztes Jahr?«

Die Bäume haben nämlich oben um ihre Spitze alle einen bunten Klebestreifen, daran kann man sehen, wie teuer sie sind. Es gibt blaue Klebestreifen für die ganz teuren und gelbe Klebestreifen für die normal teuren und dann gibt es

noch rote, die sind fürchterlich billig. Aber die roten nehmen sie trotzdem nicht, weil das die schief gewachsenen Bäume sind, und so was will ja kein Mensch.

»Wir werden doch wohl nicht am Tannenbaum sparen!«, sagt Mama jedes Mal. »Das eine Mal im Jahr! Am schönsten Tag des Jahres wollen wir auch den schönsten Baum«, und darum nehmen sie auch einen gelben. Aber in diesem Jahr ist es gar nicht so einfach, einen schönen Baum zu finden. Mama will keinen so großen, weil dann der Tannenbaumschmuck nicht reicht, und immer wenn Jesper und Janna einen gefunden haben, sagt Papa, der hat zur Spitze hin zu wenig Zweige und das wirkt dann immer so kahl. Da hat Jesper bald keine Lust mehr zu suchen. Er hilft lieber nachher mit beim Sägen.

»Komm, Janna, wir gehen nach hinten«, sagt Jesper und packt die Säge fester. »Wir machen jetzt Tannenbaumhüpfen.«

Da nimmt Janna ganz vorsichtig ihre Axt und dann laufen sie zwischen den Bäumen durch zum hinteren Zaun, wo die meisten Bäume schon abgeschlagen sind. Neben den Stümpfen am Boden

wachsen viele winzige neue Bäume nach, die sind noch nicht mal so groß wie Jule. Die will noch kein Mensch als Tannenbaum haben, aber drüber hüpfen kann man ganz prima. Nur drauf treten darf man auf gar keinen Fall. Dann werden sie später auch krumm und kriegen einen roten Streifen und daran will Jesper nicht schuld sein.

»Los, Janna, jetzt hüpfen wir rüber«, sagt Jesper und will einen ganz langen Anlauf nehmen. Aber Janna kommt nicht zu ihm hin. Janna steht neben einem großen Baum, der ist der allerschiefste, den Jesper je gesehen hat. Er wächst ganz allein mitten zwischen all den kleinen und in der Mitte macht sein Stamm eine Zickzack-Kurve wie eine Schlange. Oben hat er einen roten Streifen.

»...vier, fünf!«, sagt Janna. »Guck mal, Jesper, der hat schon fünf rote Streifen! Warum hat der denn fünf?« Jesper hüpft ganz kurz über eine winzige Tanne, dann stellt er sich dazu.

»Weil der...«, sagt Jesper und guckt sich die Tannenbaumspitze an. Aber es gibt gar keine richtige Spitze. Es gibt nämlich drei und eine davon hängt ganz wunderbar nach unten.

»Den hat nie einer gewollt«, sagt Jesper. »Der war den Leuten zu krumm und da haben sie ihn nicht gekauft, siehst du, Janna. Und im nächsten Jahr hat er dann wieder einen neuen Klebestreifen gekriegt, aber da hat ihn wieder keiner gewollt.«

»Und so immer weiter?«, sagt Janna traurig und starrt den Baum an. »Fünf Jahre, nicht, Jesper? Fünfmal Weihnachten?«

»Ja, siehst du wohl«, sagt Jesper und legt seine Hand ganz vorsichtig auf einen unteren Zweig. Der Zweig fühlt sich piksig an, aber auch nicht *zu* piksig. Wenn man in der richtigen Richtung darüber streicht, ist er plötzlich ganz glatt. »Und nächstes Jahr ist der bestimmt zu groß zum Schlagen. Da passt der in kein Zimmer mehr rein.«

»Nein, das tut der bestimmt nicht«, sagt Mama und legt Jesper von hinten ihre Hand auf die Schulter.

»Kommt mal mit, ihr beiden, und helft uns sägen. Wir haben den richtigen Baum gefunden.«

Aber Jesper bleibt immer noch stehen. Armer Baum, denkt Jesper. Armer alter Tannenbaum.

Dich will gar keiner haben und dabei hast du sogar *drei* schöne Spitzen. Das ist doch wieder mal typisch ungerecht. »Der steht dann hier vielleicht immer und beschützt die Kleinen«, sagt Janna und jetzt streichelt sie den Baum auch. »Nicht, Mama? Bis die groß geworden sind. Das ist für ihn ja vielleicht auch ganz schön.«

Mama packt Jespers Schulter ungeduldig ein bisschen fester.

»Das tut der hier ganz bestimmt nicht«, sagt sie. »Weil der den Kleinen nämlich bald zu viel Licht wegnimmt. Da wird der geschlagen. Und jetzt kommt doch mal, Papa wartet und mir ist kalt!«

»Aber wenn der doch gar kein Tannenbaum wird?«, fragt Jesper. »Warum schlagen sie den denn? Was machen sie denn dann mit ihm?«

»Feuerholz«, sagt Mama ungeduldig und trampelt von einem Fuß auf den anderen vor Kälte. »Und nun kommt schon, wir brauchen die Säge.«

Jesper guckt Janna an, aber Janna steht auch nur ganz still neben dem Baum und rührt sich nicht vom Fleck. Sie hat ganz schmale Augen

gekriegt und ihr Kinn schiebt sie vor. Das ist ihr energisches Gesicht, das kennt Jesper. Das macht Janna nur, wenn sie böse ist.

»Feuerholz!«, sagt Janna wütend. »Wo der ein Tannenbaum sein will!«

»Ach, Janna, nun sei doch nicht albern!«, sagt Mama. »Das ist doch ein *Baum!* Der will gar nichts sein. Dem ist das völlig egal, warum er geschlagen wird, ab ist ab«, und jetzt schlägt sie auch noch die Hände gegeneinander, weil sie so friert.

»Gar nicht egal!«, schreit Janna und starrt Mama wütend an.

Und da weiß Jesper, was er jetzt tun muss.

»Wir wollen diesen«, sagt er entschieden. Die Säge hält er ganz fest dabei. »Wir wollen diesen Tannenbaum haben, jawohl. Weil wir den nämlich am schönsten finden. Weil der drei Spitzen hat«, und er guckt Janna an und Janna nickt.

»Diesen da!«, sagt Janna. »Den schönen großen! Weil der drei Spitzen hat!«

»Aber Janna!«, sagt Mama ärgerlich. »Der ist doch ganz krumm! Das seht ihr doch selber! So

einen Baum stellt sich doch kein Mensch ins Zimmer!«

»Jawohl!«, schreit Janna und da kommt Papa zwischen den kleinen Bäumen durchgeschlängelt mit Jule auf dem Arm und guckt ein bisschen verwirrt.

»Was ist denn jetzt, ihr Lieben?«, sagt er. »Ich brauch jetzt die Säge! Wir haben einen Baum gefunden!«

»Nee, pööh, die kriegst du nicht!«, sagt Jesper und hält die Säge hinter seinen Rücken. »Nee, pöööh, die kriegst du gar nicht!«

»Und die Axt kriegst du auch nicht!«, sagt Janna und stellt sich ganz dicht neben Jesper. »Dass du das weißt!«

Papa starrt die beiden an. »Ja, was ist denn hier los, ihr Lieben?«, fragt er verblüfft.

»Die beiden wollen den krummen Baum da«, sagt Mama und guckt Papa Hilfe suchend an. »Ich hab ihnen schon gesagt...«

»Weil wir den am schönsten finden!«, ruft Janna. »Mit den drei Spitzen!«

»Genau!«, schreit Jesper. Aber er muss schon gar nicht mehr wirklich schreien, weil er genau

sehen kann, wie Papa sich den Baum jetzt an-
guckt. Eigentlich ganz freundlich.

»Und warum wollt ihr ausgerechnet den?«, fragt
er dann. »Mit dieser Zickzackkurve im Stamm?«

»Weil der sonst...«, sagt Janna, aber Jesper tritt
ihr auf den Fuß.

»Weil wir den am schönsten finden!«, sagt er
noch mal.

»Sag ich doch!«

»Na, also!«, sagt Papa und stellt Jule auf den
Boden.

»Also dann hätten wir natürlich einen Baum,
wie ihn sonst keiner hat. Das ist ja vielleicht auch
mal ganz schön.«

»Ja, nicht, Papa?«, sagt Jesper und Jule zieht
schon wieder an den Zweigen.

»Bammbaum!«, ruft sie und reißt so fest, dass
Jesper Angst kriegt, der Baum kippt noch um.
»Bammbaum, ja!«

»Siehst du, Jule findet ihn auch am schönsten,
nicht, Julemaus?«, sagt Jesper schnell und Jule
zieht weiter.

»Bammbaum!«, schreit sie wieder vergnügt.
»Bammbaum, ja!«

Da seufzt Papa laut. »Also dann, in Gottes Namen«, sagt er und streckt die Hand nach der Säge aus.

»Obwohl ich nicht so richtig verstehe ...«

»Ich versteh das schon ganz gut«, sagt Mama. Dann fängt sie an zu lachen. »Na gut, meinetwegen. Da müssen wir aber noch reichlich Tannenbaumschmuck beschaffen! Und zwei neue Engel dazu für die Spitzen!«

Jesper gibt Papa die Säge und dann sägen sie immer abwechselnd, Papa, Jesper und Janna, und zum Schluss nehmen sie auch noch die Axt. Und weil der Baum doch so groß ist, müssen sie ihn auch zu dritt zum Gewächshaus tragen und die ganze Zeit schreit Jule auf Mamas Arm: »Auch! Jule auch Bammbaum!«

Im Gewächshaus gehen sie zuerst zu der Maschine, die die Bäume in ein feines, weißes Netz einwickelt. So kann man sie besser transportieren.

»Also der soll es sein«, sagt der Mann an der Maschine und schiebt den Baum durch ein großes Loch. »Sind Sie ganz sicher?«

»Ganz sicher«, sagt Papa fest und der Mann

64

wickelt ihnen den Baum ein und dann gehen sie zu der Maschine, die mit lautem Geknatter die Tannenbaumstämme anspitzt wie ein riesiger Bleistiftanspitzer. Die Späne fliegen durch die Gegend und hinterher kann man den Baum gut in den Tannenbaumfuß kriegen.

»Den da, ja, den wollen Sie haben?«, sagt der Mann, der den Spitzer bedient. »Sind Sie da ganz sicher?«

»Ganz sicher«, sagt Papa wieder und dann bezahlt er den Baum.

»So, ihr Lieben!«, sagt er vergnügt. »Da haben wir aber ordentlich Geld gespart! Und das hauen wir jetzt gleich auf den Kopf. Wer will einen Punsch? Wer will eine Waffel?«

Und dann sitzen sie alle zusammen auf den Strohballen, die überall zum Draufsitzen aufgestapelt sind, und essen, bis sie fast platzen. Aus einem Lautsprecher kommt Weihnachtsmusik und Jule saut sich mit dem Puderzucker von ihrer Waffel von oben bis unten ein, aber Jesper nur ein bisschen.

»Ach, ihr Lieben!«, sagt Papa. »Das war doch mal wieder richtig schön.«

Janna gibt Jesper einen kleinen Stups in die Seite.

»Vielleicht ist es überhaupt ein Wunschbaum wie bei Aschenputtel«, flüstert sie und Jesper denkt, dass das natürlich Quatsch ist, aber wissen kann man nie.

»Drei Spitzen«, sagt er zufrieden. »Für jedes Kind eine.«

»So hatte ich das noch gar nicht gesehen«, sagt Mama und trinkt einen Schluck Punsch. »Na, ganz gut, dass wir nicht fünf Kinder haben.«

Das Weihnachtsspiel

Am Tag vor Weihnachten hat Jesper immer noch kein Geschenk für Mama und Papa.

Janna hat ihnen im Kindergarten einen Briefbeschwerer gebastelt und Jule ist noch zu klein, aber Jesper ist groß genug und hat noch gar nichts.

Vor zwei Tagen, da hatte Jesper auch noch was. Da hatte er in der Schule einen Kalender gebastelt und für fast jeden Monat ein Bild gemalt. Aber gestern durften sie den Kalender mit nach Hause nehmen und da musste Jesper sich auf dem Rückweg leider mit Nicki prügeln. Dabei ist der Kalender in den Matsch gefallen. Und nun ist er nicht mehr so schön.

Ein Weihnachtsgedicht weiß Jesper auch nicht. Janna sagt »Denkt euch, ich habe das Christkind gesehn«, und Jule ist noch zu klein, aber Jesper ist groß genug und kennt trotzdem kein Gedicht. Nur »Lieber, guter Weihnachtsmann« und das ist für Babys und nicht für Jungs, die gleich nach Weihnachten sieben werden.

»Sowieso sind Gedichte Babykram«, sagt Jesper böse und gibt der Weihnachtspyramide einen Schubs, dass die Hirten und Könige wie wild nach Bethlehem rennen. Immer im Kreis.

»Geschenke sind auch doof«, und er schubst die Pyramide in der entgegengesetzen Richtung. Jetzt flitzen die Könige rückwärts.

Und genau da fällt es ihm ein und Jesper wundert sich nur, dass er den wunderbaren Gedanken nicht schon vorher gehabt hat.

»Janna«, schreit Jesper und saust den Flur entlang zum Kinderzimmer. »Jule! Wir führen ein Krippenspiel auf!«

»Wer?«, fragt Janna. Sie sitzt in ihrem Zimmer auf dem Boden und malt schon wieder ein Weihnachtsbild.

»Wo?«

»*Wir* führen das auf!«, sagt Jesper und nimmt Jannas Blatt vom Boden. »Für Mama und Papa! Als Weihnachtsüberraschung! Wenn wir ins Weihnachtszimmer kommen. Dann brauchst du auch dein Gedicht nicht zu sagen«, sagt Jesper energisch. »Gedicht *und* Krippenspiel ist natürlich zu viel.«

Janna guckt Jesper misstrauisch an. »Das geht ja gar nicht«, sagt sie und greift nach ihrem Zeichenblock. »Wir sind ja nicht genug Leute.«

»Sind wir *wohl!*«, sagt Jesper wütend. Bei ihm

in der Klasse haben sie auch ein Krippenspiel
aufgeführt, aber er hat nicht mitgespielt. Das
durften nur die Kinder, die gut auswendig ler-
nen können. Und die Kinder, die nicht so
zappelig sind. So ein Kind ist Jesper leider
nicht.

»Ich bin der heilige Engel des Herrn«, sagt Jesper und zieht sich seine Jeans aus. Der Engel in
der Schule hatte auch eine Strumpfhose an. »Der
ist der Boss.«

»Immer willst du der Boss sein!«, sagt Janna
maulig. »Dann mach ich aber nicht mit, dass du
es bloß weißt!«

»Du kannst auch Boss sein«, sagt Jesper schnell.
»Ich bin der Engel des Herrn, der ist Erstboss,
und du bist Maria, die ist Zweitboss. Und Jule
kann die Hirten sein.«

»Meinetwegen«, sagt Janna und steht vom Fußboden auf. Jetzt sieht sie aus, als ob sie auch langsam Lust bekommt.

»Komm, Jule, du bist die Hirten auf dem
Felde«, sagt Jesper und holt Jule aus ihrem Git-
terbett. Da hüpft sie immer auf und ab mit Anna-
Pouchette auf dem Arm.

»Du lagerst dich da in der Düsternis«, und er zieht sie zur Ecke mit dem Puppenherd.

»Hopsen!«, schreit Jule und streckt ihre Arme zum Gitterbett hin. »Hopsen, Jule!«

»Da ist die Düsternis?«, fragt Janna und guckt Jesper aufgeregt an.

»Auf dem Felde«, sagt Jesper und nickt energisch. »Bis der Engel des Herrn kommt«, und er schaltet das Licht aus.

»Hell!«, kreischt Jule und springt aus ihrer Ecke zur Tür. »Hell machen, Jule!«

»Ja, ja, gleich, nun beruhige dich mal«, sagt Jesper und zieht sie zum Puppenherd zurück. »Der Engel kommt ja gleich. Und der erleuchtet die Nacht«, und Jesper knipst die Lichtschalter an.

»Oh, toll, Jesper«, sagt Janna begeistert. »Und wo ist die Krippe?«

Jesper guckt sich um. Dann zieht er den Puppenwagen in die Mitte.

»Hier«, sagt er und klappt das Versteck nach unten. »Die Räder musst du dir wegdenken. Und Anna-Pouchette kann der Jesus sein«, und er nimmt Jule ihre Puppe einfach weg und legt sie in die Krippe.

»Pouchette!«, schreit Jule und stampft mit dem Fuß. »Haben, Pouchette! Jule haben!«

»Ja, ja, ja, gleich!«, sagt Jesper ungeduldig. »Du kriegst sie ja wieder! Aber das Krippenspiel muss doch richtig sein, Julemaus, oder?«

»Haben, Pouchette!«, schreit Jule und jetzt fängt sie sogar an zu heulen. »Jule haben!«

Jesper hält Pouchette so hoch in die Luft, wie er nur kann, und Jule zieht an seinen Hosenbeinen.

»Das ist doch Jesus, du dummes Kind!«, schreit er.

»Den kannst du nicht haben! Den *hatten* die Hirten nicht!«

»Mama!«, brüllt Jule und rennt zur Tür. »Mama, haben! Haben, Pouchette!«

Aber Janna kriegt sie gerade noch zu fassen.

»Du kannst sie ja haben, kleine Maus«, sagt sie und rüttelt Jule beruhigend ein bisschen an den Armen.

»Wir spielen eine andere Weihnachtsgeschichte. Da haben die Hirten das Kind.«

»Die Hirten?«, sagt Jesper und starrt Janna verblüfft an. »Das geht ja gar nicht!«

»Wohl geht das«, sagt Janna bestimmt und kniet sich vor den leeren Puppenwagen. Jule hockt mit Pouchette vor dem Puppenherd und nuckelt am Daumen. »Da finden die Hirten das Kind in der Düsternis und dann erscheint ihnen der heilige Engel des Herrn und ruft: Siehe, siehe, ich verkündige euch große Freude! Ruckkedigu, ruckedigu, Blut ist im Schuh, der Schuh ist zu klein…«

»Das kann ich mir nicht merken«, sagt Jesper düster.

»Dann sagst du was anderes«, sagt Janna ungeduldig, »aber was sich reimt, ist am schönsten. Und dann bringen die Hirten Maria das Kind und Maria sagt: Denkt euch, ich habe das Christkind gesehn.«

»Und ich?«, fragt Jesper.

»Du bist Erstboss«, sagt Janna. »Du bringst die Hirten zur Krippe, und wenn sie das Kind reingetan haben, machst du mit den Armen immer so über Kreuz wie die Fee bei Dornröschen und sagst: Jesuskind, schlafe hundert Jahr. Das kannst du doch?«

»So geht das ja gar nicht!«, sagt Jesper böse.

»Unser Krippenspiel doch«, sagt Janna. »Und ein Lied singen wir auch. Am Schluss.«

»Aber ich will fliegen«, sagt Jesper. Das findet er am besten. »Der Engel kann fliegen wie Supermann und unsichtbar sein wie Pumuckl«, und er zerrt das Laken von Jannas Bett. »Binde mir das mal um. Das sind die Flügel.«

Janna kann schon eine Schleife, und weil sie Schleifen binden kann, bindet sie Jesper das Laken um, dass es ihm weiß auf dem Rücken flattert. Dann machen sie das Licht aus und Jesper springt immerzu mit wehendem Laken vom Bett und schreit: »Heilig! Heilig! Heilig!«

Und Jule sitzt in der Ecke beim Puppenherd und hält Pouchette fest und schreit: »Hell machen!« Aber das ist nicht so schlimm, weil man es bei dem Krach sowieso nicht hört. Und als der heilige Engel sie zum Puppenwagen zerrt, will sie zuerst nicht mitkommen und Pouchette in die Krippe legen will sie schon gar nicht. Da flüstert Janna ihr ins Ohr, dass sie dann aber nachher auch einen Keks kriegt, und da tut sie es doch. Nur dass sie immer »Pouchette! Pouchette!« schreit, obwohl Jesper ihr erklärt, dass es »Jesus, Jesus« heißen muss.

Aber sonst ist das Krippenspiel sehr schön, und als Mama nachgucken kommt, warum die Kinder so laut sind, verraten sie kein Sterbenswörtchen. Nicht mal, als Mama über das Laken schimpft.

Und Jesper geht zufrieden ins Bett. Vielleicht schafft er es sogar noch, Jule dazu zu kriegen, dass sie morgen Papas alte Fellmütze aufsetzt. Damit sie richtig hirtenmäßig aussieht.

So ein schönes Geschenk wie diese Weihnachtsaufführung haben Mama und Papa bestimmt noch nie gekriegt. Die ist ja tausend Mal besser als ein alter Kalender und ein altes Gedicht.

Der Heilige Tag

Der längste Tag im ganzen Jahr ist immer der Heiligabend. Wenn man morgens aufwacht, ist es noch dunkel und dann muss man warten, bis es hell und wieder dunkel wird. Dann ist Bescherung.

Und Spielen macht am Heiligen Abend auch keinen Spaß, weil man so aufgeregt ist, und Fernsehen kann man nicht gucken, weil das Wohnzimmer abgeschlossen ist, und Schlitten fahren wie die Kinder auf den Weihnachtskarten kann man auch nicht, weil natürlich wieder kein Schnee liegt.

»Wenn ich groß bin, zieh ich nach Amerika«, sagt Jesper beim Frühstück düster. In den Ferien frühstückt er immer im Schlafanzug. »Da gibt es die Geschenke schon morgens.«

»Ehrlich wahr, Jesper, gibt's die schon morgens?«, fragt Janna. Sie hat noch kein bisschen von ihrem Brötchen gegessen, obwohl es heute ausnahmsweise Nussschoko-Creme gibt. Wenn man aufgeregt ist, kann man nicht essen.

»In Amerika schon«, sagt Jesper. »Im Strumpf. Und der hängt am Kamin.«

»Und wenn man keinen Kamin hat?«, fragt Janna erschrocken. »Wie wir?«

79

Jesper denkt einen Augenblick nach. »Dann hängt der vielleicht an der Heizung«, sagt er. »Schon morgens. In Amerika.«

Janna zieht nachdenklich mit ihrem kleinen Finger eine Furche durch die Schokoladencreme auf dem Brötchen. Dann leckt sie ihn ab.

»Da will ich trotzdem nicht sein«, sagt sie. »Wenn es da nur einen Strumpf voll gibt. Da passen ja nur ganz kleine Geschenke rein.«

Daran hat Jesper noch gar nicht gedacht. Aber vielleicht ist es dann doch besser, bis zum Nachmittag zu warten, und dafür gibt es was Ordentliches.

»Und nun zieht euch mal ganz schnell an!«, sagt Mama. Sie hat eine Schürze um und sieht noch kein bisschen weihnachtlich aus. »Wir müssen noch viel erledigen! Da brauch ich doch eure Hilfe.«

Sonst findet Jesper es eigentlich meistens gar nicht so gut, wenn Mama seine Hilfe braucht. Abtrocknen oder Selters aus dem Keller holen oder Tisch decken, zum Beispiel. Aber Heiligabend ist es besser als gar nichts. Da weiß man wenigstens, was man tun kann.

Darum zieht Jesper sich auch ganz fix an, aber natürlich ist Janna trotzdem mal wieder schneller, und Jule ist sowieso schon längst angezogen. Jule ist auch kein bisschen aufgeregt. Sie sitzt mit Anna-Pouchette unter dem Küchentisch und wäscht sie mit dem Küchenschwamm.

»Also, als erstes den Kartoffelsalat«, sagt Mama und stellt eine große Schüssel auf den Tisch. »Ich hab schon alles gepellt.«

Am Heiligabend gibt es mittags immer Kartoffelsalat und immer schnippeln sie ihn erst am Morgen, obwohl Mama seufzt und sagt, dass er eigentlich besser durchzieht, wenn man ihn schon am Abend vorher macht.

Aber sie braucht ja Jesper und Janna zum Helfen und das können sie wohl kaum in der Nacht tun.

»Und schön dünn schneiden!«, sagt Mama. »Und nicht in die Finger!« Dann gibt sie Jesper und Janna jedem ein Brett und ein Messer und geht, um die Betten zu machen.

Im Radio spielen sie jetzt lauter Weihnachtslieder und Jesper und Janna schneiden Kartoffeln und unter dem Tisch haut Jule Pouchette mit

dem Schwamm auf den Kopf. Es ist richtig schön weihnachtlich.

»Denkt euch, ich habe das Christkind gesehn!«, sagt Janna und schiebt ihre Kartoffelscheiben mit dem Messer in die Schüssel. »Es kam aus dem Walde, das Mützchen voll Schnee ...«

»Du wolltest das nicht sagen!«, sagt Jesper böse. Nun hat er sich so viel Mühe mit dem Krippenspiel gegeben und dann fängt Janna doch wieder an. »Wir machen das Krippenspiel!«

»*Und* das Gedicht!«, sagt Janna energisch. »Beides. ...mit rot gefrorenem Näschen! Die kleinen Händchen taten ihm weh ...!«

»Sagst du nicht!«, schreit Jesper böse. »Sagst du nicht!«

»Denn es trug einen Sack!«, sagt Janna und jetzt schneidet sie gar keine Kartoffeln mehr. Jetzt guckt sie nur immerzu Jesper an und sie lächelt dabei. »Der war gar schwer! Rumpelte und pumpelte hinter ihm her ...«

»Sagst du nicht!«, schreit Jesper verzweifelt. »Sagst du nicht!«

Aber Janna lächelt nur weiter. »Was drinnen war, möchtet ihr wissen?«, sagt sie und sie kann es

sogar mit Betonung. »Ihr Naseweise! Ihr Schelmenpack! Denkt ihr...«

Da gibt Jesper ihr einen Stoß und Janna brüllt und Mama kommt und fragt, ob sie verrückt geworden sind sich zu streiten, am Heiligabend und noch dazu mit einem Messer in der Hand. Da kann doch wer weiß was passieren.

Dann entdeckt sie Jule unter dem Tisch und sie nimmt ihr den Küchenschwamm weg, aber Pouchette hat trotzdem schon überall nasse Stellen auf dem Kleid und sogar im Gesicht. Aber bestimmt kann sie trotzdem noch Jesus sein.

»Na denn!«, sagt Mama grimmig. »Jetzt weiß ich mal wieder, dass Weihnachten ist.«

Aber dann holt sie tief Luft. »Mit den Kartoffeln seid ihr ja fleißig gewesen!«, sagt sie. »Vielen Dank! Die sind ja schon fast alle geschnitten. Janna, dann kannst du den Rest auch alleine schaffen, oder? Jesper muss mir nämlich jetzt noch was anderes helfen«, und jetzt klingt sie schon wieder ganz freundlich.

»Ja?«, sagt Jesper vorsichtig. »Was denn?«

»Einkaufen gehen«, sagt Mama. »Ich brauche noch dringend...«

Von den Kindern ist Jesper der Einzige, der schon allein einkaufen darf. Man muss über zwei große Straßen und dazu ist Janna noch zu klein, aber Jesper geht ja schon in die erste Klasse, da kann man ihm das wohl zutrauen.

Jesper steht schnell auf. »Ätschi-bätschi!«, sagt er zu Janna. »Ich geh jetzt einkaufen! Alleine! Mach du mal die Kartoffeln!« Und er steigt schnell in seine Stiefel.

»Also, ich brauche noch dringend«, sagt Mama und sie sieht aus, als ob sie nachdenkt, »Mehl brauch ich noch dringend, ja, Mehl. Kannst du mir das besorgen, Jesper?«

»Kann ich dir logisch besorgen«, sagt Jesper, und weil Heiligabend ist, bindet er sich sogar einen Schal um ohne zu schimpfen und Mama gibt ihm das Geld und dann zieht er los.

Auf den Straßen sind heute nur ganz wenige Kinder. Nur vor Nickis Haus spielt ein winziges Mädchen, aber Nicki sitzt bestimmt wieder im Wohnzimmer und guckt fern. In der Schule hat Nicki gesagt, dass er das darf. Sogar am Heilig-abend.

Aber im Supermarkt, da ist es voll. Tausend Frauen mit bösen Gesichtern drängeln sich in den schmalen Gängen und in ihren Einkaufswagen sitzen kleine Kinder und schreien. Aus dem Lautsprecher kommt leise Weihnachtsmusik ohne Worte und dazwischen sagt eine freundliche Stimme: »Beachten Sie bitte auch unsere heutigen Sonderangebote! Wir wünschen Ihnen ein frohes Fest!«

Jesper seufzt. Es ist gar nicht so einfach, den großen Einkaufswagen an all den vielen Frauen vorbei zu schieben. Einmal stößt er einer gegen den Po und da schreit sie: »Kannst du denn nicht aufpassen!«, und weil Jesper sich entschuldigen will, schiebt er nicht gleich weiter und da schreit eine andere Frau: »Kannst du denn nicht weitergehen! Du blockierst ja den ganzen Laden!«

Da nimmt Jesper seinen Wagen und geht ganz schnell zum Mehl und »Entschuldigung« hat er nun auch nicht gesagt.

»Sti-hille Nacht«, spielen die Lautsprecher ohne Worte und ganz leise und vorsichtig summt Jesper mit. »Heilige Nacht . . .«

Die sind hier ja alle gar nicht weihnachtlich,

denkt Jesper böse. So ein Geschubse. Und das soll nun Heiligabend sein!

Die Schlange an der Kasse geht fast durch den ganzen Laden. Alle Frauen haben volle Einkaufswagen, aber keine sagt, dass sie Jesper mit seiner kleinen Mehltüte vorlässt.

Da stellt Jesper sich ganz hinten an und das macht ihm auch gar nicht viel aus. Der Weihnachtstag ist sowieso so lang, da ist es ganz gut, wenn er mit dem Einkaufen nicht so schnell fertig ist.

Aber die Frauen vor ihm haben es alle ganz eilig. Sie gucken auf ihre Uhren und schimpfen mit ihren Kindern und drei Wagen vor Jesper gibt eine Mutter einem brüllenden kleinen Jungen sogar einen Klaps. »Bist du wohl still!«, schreit die Mutter. »Bist du wohl jetzt endlich still!«

Gar nicht weihnachtlich, denkt Jesper, absolut kein bisschen weihnachtlich. Aus den Lautsprechern kommt jetzt »Süßer die Glocken nie klingen…«, und das singen sie auch in der Schule. Da kennt Jesper den ganzen Text: »… als in der Weihnachtszeit«. Schließlich kann er sich auch

Sachen merken. Nur lange Gedichte nicht so fürchterlich gut, das ist ja auch gar nicht wichtig.

Ganz leise fängt Jesper an mitzusingen. »...'s ist, als ob Engelein singen, Lieder von Frieden und Freud«, und er merkt, wie er innen drin wieder ganz vergnügt wird. Genau, wie man sich am Heiligabend fühlen soll.

Und da hört er es hinter sich. Hinter ihm in der Schlange steht ein Mädchen mit seiner Mutter, das kennt Jesper aus Jannas Kindergartengruppe, und jetzt singt das Mädchen auch mit.

»Wie sie gesungen in seliger Nacht!«, singt das Mädchen. Ganz laut. »Wie sie gesungen in seliger Nacht!« Jesper zieht den Kopf zwischen die Schultern. Hoffentlich gucken jetzt nicht alle her! Einfach für sich selber wollte er singen, ganz leise, damit ihm wieder weihnachtlich wird, und jetzt hören es alle Leute. Das ist Jesper ganz furchtbar peinlich.

Und da fängt die Mutter von dem Mädchen auch noch an! »Glocken mit heiligem Kla-hang!«, singt sie und sie lacht dabei und von vorne dre-

hen sich die Leute jetzt wirklich um und manche
fangen einfach auch mit an zu singen. »Glocken
mit heiligem Kla-hang, klingt doch die Erde entlang!«

Jesper holt einmal tief Luft. Ganz viele haben
da jetzt mitgesungen, mitten im Supermarkt. In
der Schlange im Supermarkt haben sie gesungen,
alle die Frauen mit den bösen Gesichtern und die
kleinen Kinder in den Einkaufswagen haben vor
Schreck aufgehört zu schreien.

Jesper dreht sich um und lächelt das Mädchen
aus Jannas Gruppe an und das Mädchen lächelt
zurück.

»Bitte beachten Sie auch unsere heutigen Sonderangebote!«, ruft der Lautsprecher wieder.
»Wir wünschen Ihnen ein frohes Fest.«

Jesper seufzt. So muss es am Heiligabend doch
sein, denkt er zufrieden. Genau so muss es am
Heiligabend sein. Dann ist ja alles in Ordnung.

Als das nächste Lied kommt, singt keiner mehr
mit, aber man kann hören, dass ganz viele sum-
men. Das tut Jesper auch. Die Worte kennt er
sowieso nicht, es ist ein englisches Lied.

»Frohe Weihnachten«, sagt Jesper höflich zu

der Frau an der Kasse, als er sein Mehl bezahlt, und die Frau lächelt und sagt auch »Frohe Weihnachten«.

Dann rennt Jesper ganz schnell nach Hause.

Da ist jetzt auch Papa von der Arbeit zurück und er deckt den Tisch und kocht die Würstchen für den Kartoffelsalat, weil er das jedes Jahr Weihnachten tut. Papa sagt, Würstchen kochen kann in dieser Familie keiner so gut wie er, und wirklich schmecken sie auch immer sehr gut.

Dann essen sie alle zusammen und ziehen sich weihnachtlich an und Papa liest noch eine Geschichte vor bis zur Bescherung. Nur Jule hört nicht zu und versucht wieder Anna-Pouchette mit dem Küchenschwamm zu waschen, aber leider erwischt Mama sie dieses Mal sofort und da muss Jule ganz fürchterlich brüllen.

Und dann wird es endlich ein ganz kleines bisschen dämmerig.

»Na, dann wollen wir mal«, sagt Papa und verschwindet im Weihnachtszimmer.

Jesper stöhnt. Die schöne Weihnachtsliederplatte fängt an zu spielen wie jedes Jahr und durch die Riffelglasscheibe in der Tür kann man

sehen, wie die Kerzen anfangen zu brennen, eine nach der anderen und ganz verschwommen.

Jespers Herz fängt an zu klopfen und die Knie zittern ihm wie bisher erst zweimal in seinem Leben. Dann geht die Tür ganz langsam auf.

»Denkt euch, ich habe das Christkind gesehen«, sagt Janna laut mit ganz wunderbarer Betonung und Jule schreit: »Bammbaum!«

Vor dem Fenster, gleich neben dem Fernseher, steht ganz riesengroß der Tannenbaum und von jeder der drei Spitzen baumelt in Glitzerpapier ein Schokoladenstern.

Da weiß Jesper, dass es jetzt Weihnachten ist.

Der Weihnachtshund

Natürlich hat Jesper zu Weihnachten keinen Schäferhund gekriegt, das hat er ja eigentlich schon vorher gewusst. Aber die Güterlok hat er gekriegt und den Kühlwagen und eine tolle Handweiche; und in dem Paket von Oma und Opa ist sogar noch die riesengroße Schatzinsel aus der Werbung, die Jesper sich vorsichtshalber gar nicht erst gewünscht hat, weil sie so teuer ist. Da ist es doch ein schöner Heiligabend geworden, aber als Jesper ins Bett geht und sich in der Wohnzimmertür noch einmal umdreht, merkt er plötzlich dieses traurige Gefühl, das er vom letzten Jahr Weihnachten schon kennt.

»Schon wieder alles vorbei!«, sagt Jesper und guckt auf die Spielsachen auf dem Wohnzimmerfußboden. Da hat man sich nun wochenlang auf Weihnachten gefreut und gefreut und nicht mal heimlich nach den Geschenken gesucht und dann geht es so schrecklich schnell vorbei. Das ist doch mal wieder typisch ungerecht.

»Na, komm schon, mein Sohn, du durftest heute wirklich lange aufbleiben«, sagt Mama und legt Jesper ihre Hand auf die Schulter.

Aber Jesper meint ja gar nicht, dass er zu früh

ins Bett muss. Er meint, dass Weihnachten nur einmal im Jahr ist, ein einziges Mal, und dann geht es so schrecklich schnell vorbei. Und nun muss er wieder ein ganzes langes Jahr warten, bis so was Schönes kommt, das müsste Mama doch verstehen.

Jesper seufzt. Auf dem Fußboden liegen noch alle Geschenke durcheinander, genau da, wo sie mit ihnen gespielt haben, Jesper und Janna und Jule. Und dazwischen liegt auch noch das Geschenkpapier, das von Janna ganz schön zusammengefaltet und das von Jesper leider ein bisschen zerrissen. Aber aufräumen muss man Heiligabend nicht, damit man nämlich am nächsten Morgen gleich weiterspielen kann. Und die Weihnachtsrummeligkeit ist die schönste Rummeligkeit, die Jesper sich vorstellen kann, ganz anders als normale Unordnung im Kinderzimmer. Weil sie so *weihnachtlich* aussieht.

»Haben wir nicht ein schönes Zimmer, Mama?«, sagt Jesper und reibt seinen Kopf ein bisschen an Mamas Arm. »Richtig schön feierlich?«

Aus dem Badezimmer hört man, wie Janna sich schon die Zähne putzt.

»Na, direkt feierlich würde ich das nicht nennen«, sagt Mama und gibt Jesper einen kleinen Klaps auf den Po, damit er endlich geht. »Vor allem, wo morgen Tante Ines kommt.« Und dabei klingt sie fast ein bisschen, als ob *sie* jetzt seufzen möchte.

Aber Jesper muss plötzlich nicht mehr seufzen. Nie muss Jesper seufzen, wenn Tante Ines zu Besuch kommt, und er putzt sich jetzt sogar ganz schnell die Zähne. Wenn morgen Tante Ines kommt, ist das Schöne ja doch noch nicht vorbei, das hatte er ganz vergessen. Weil Tante Ines immer Mimi mitbringt, das ist ihr Hund. Da wird es morgen doch noch mal richtig schön feierlich.

»Yippieeh!«, schreit Jesper und hüpft ins Bett, dass Jule fast wieder aufwacht.

»Wie schön, dass du dich so auf deine Tante freust«, sagt Mama und schaltet das Licht aus. »Schlaf gut, mein Schatz, und träum schön von Weihnachten.«

Jesper wühlt seinen Kopf ins Kissen. Das wird er tun. Von Weihnachten und von der Güterlok und von der Schatzinsel. Und von Tante Ines und Mimi.

Als Jesper am nächsten Morgen aufwacht, riecht es schon nach Weihnachtsbraten und das Wohnzimmer sieht so aufgeräumt aus wie an einem ganz normalen Tag. Die ganze schöne Weihnachtsrummeligkeit ist weg.

»Warum hast du denn aufgeräumt?«, schreit Jesper und stürzt in die Küche. Da steht Mama am Küchentisch und zerhackt Zwiebeln auf einem kleinen Holzbrett.

»Weihnachten *muss* es rummelig sein!«

»Weil Tante Ines und Onkel Helmut kommen, mein Schatz«, sagt Mama. Ihre Augen sind rot und geschwollen, daran sieht man, dass sie schon lange Zwiebeln hackt. »Ihr könnt doch im Kinderzimmer weiterspielen.«

Aber das ist natürlich nicht das gleiche. Weihnachten darf man immer im Schlafanzug auf dem Wohnzimmerfußboden spielen und zwischendurch kommt niemand und sagt: »Nun räum das mal ganz schnell weg«, oder: »Nun zieh dich aber fix an!« Weihnachten darf Jesper im Schlafanzug spielen und Janna und Jule dürfen das auch und Jesper lässt sie auch immer mal kurz an seine neuen Sachen ohne zu brüllen.

96

Und Papa guckt zu und gibt Mama einen Kuss und sagt: »Sieh da, das Fest des Friedens.«

Aber heute ist das alles anders. Heute ist im Wohnzimmer sogar schon Staub gesaugt und die Geschenke liegen unfreundlich und ordentlich auf Stapeln unter dem Tannenbaum.

»Du weißt doch, Tante Ines hat es gerne aufge- räumt«, sagt Mama und nimmt Jule ein Stück Zwiebel aus der Hand. Damit hat sie gerade ver- sucht Pouchette zu füttern. »Wenn Leute keine Kinder haben, kriegen sie immer schnell einen Schreck.«

Und Kinder hat Tante Ines nicht. Einen Mann, den hat sie, Onkel Helmut, der nie was sagt, und sie ist Papas ältere Schwester, aber wirklich *sehr* viel älter. Und sie findet es nicht richtig, wenn die Kinder immer so laut sind, und sie findet, Mama muss aber mal eingreifen, wenn sie sich streiten, und wenn Jesper sich beim Kaffeetrinken ganz schnell schon den dritten Keks nimmt, weil Mama die guten immer nur kauft, wenn Besuch kommt, findet Tante Ines das eigentlich ein biss- chen ungezogen. Dann kriegt Papa immer ein ganz erschrockenes Gesicht wie ein kleiner

Junge, und darum nimmt Jesper sich jedesmal vor, dass er diesmal aber sehr nett sein will, wenn Tante Ines kommt. Schließlich will er Papa nicht traurig machen. Und außerdem lässt Tante Ines ihn sonst vielleicht nicht mit Mimi spielen.

»Mimi!«, schreit Jesper, als es an der Wohnungstür klingelt. Zuerst gibt er Tante Ines und Onkel Helmut ganz höflich die Hand und er guckt sie auch an dabei; aber dann lässt er sich auf die Knie fallen und sagt Guten Tag zu Mimi.

»Mimi, wie schön, dass du mich mal besuchst!«, sagt Jesper und krault Mimi am Hals und hinter dem Ohr und Mimi wackelt wie verrückt mit ihrem kurzen weißen Schwanz und leckt ihm über die Hand.

»Nicht zu wild, Jesper, nicht zu wild!«, sagt Tante Ines und guckt unruhig zu ihm nach unten. »Das ist ein empfindlicher Hund! Mimi ist reinrassig und schon sehr alt!«

Aber das weiß Jesper ja längst, weil Tante Ines das jedesmal sagt, und er hat sich auch vorgenommen ganz bestimmt vorsichtig und lieb mit Mimi zu sein. Dann muss Jesper mit ins Wohn-

zimmer kommen und sein Geschenk von Tante Ines kriegen, das ist eine Blockflöte. Jannas Geschenk ist auch eine Blockflöte und Jules ist ein Schlafanzug und da weiß man doch wirklich nicht, was langweiliger ist. Aber Jesper bedankt sich trotzdem ganz lieb und Janna sieht sogar aus, als ob sie sich wirklich freut. Da denkt Jesper, dass er ihr seine Flöte dann ja später auch noch schenken kann, wenn sie ihre kaputtgeblasen hat. Obwohl Janna natürlich eigentlich nie was kaputtmacht.

»Mein Gott, was habt ihr denn für einen Baum?«, sagt Tante Ines plötzlich ganz erschrocken, als sie sich neben Onkel Helmut aufs Sofa setzt. »Der ist ja wirklich sehr... Wo habt ihr den denn her?«

Jesper guckt den Tannenbaum an. Er sieht noch genauso schön aus wie in der Tannenbaumplantage. Aber die drei Schokoladenherzen von den Spitzen sind leider schon weggegessen.

»Den wollten die Kinder«, sagt Papa und lächelt. »Ganz unbedingt. Und was darf ich anbieten? Vielleicht einen Sherry?«

Dann müssen sie Mittag essen und Tante Ines

sagt, dass die Ente aber sehr lecker schmeckt, *vielleicht* ein winziges bisschen trocken, und neben Jespers Stuhl liegt Mimi und dreht den Kopf immer so zu ihm hoch. Aber Tante Ines sagt, dass er Mimi auf gar keinen Fall etwas von seinem Essen geben darf, das wäre wirklich schädlich. Mimi darf nämlich nur ganz genau das richtige Hundefutter und jede Mahlzeit abgewogen.

Darum hat Jesper auch ganz schnell keinen Hunger mehr und Mama sagt, weil Weihnachten ist, darf er ausnahmsweise aufstehen und mit Mimi spielen, bevor er seinen Teller leer gegessen hat. Und Jesper fragt auch gar nicht, was daran ausnahmsweise ist. Er schnalzt mit der Zunge und geht mit Mimi auf den Flur und da haben sie es ganz wunderbar weihnachtlich.

»Na, Mimi?«, sagt Jesper und legt sich zu ihr auf den Flurläufer. »Du bist der netteste Hund der Welt.«

Und bestimmt findet Mimi, dass Jesper der netteste Junge ist, das merkt man daran, wie sie ihm immer über das Gesicht leckt und über den Hals und kleine freundliche Töne macht. Die bedeuten, dass Jesper wieder mit ihr toben soll.

Als Mama und Tante Ines die Teller in die Küche tragen, müssen sie auf dem Flur fast über Jesper und Mimi steigen, weil die beiden da noch immer liegen. Aber Mimi liegt jetzt auf dem Rücken und hat die Beine so ganz putzig hochgenommen und Jesper kitzelt sie durch, dass man richtig sehen kann, wie sie lacht.

»Um Himmels willen, Jesper, reg mir das Tier nicht so auf!«, ruft Tante Ines. Bestimmt hätte sie fast ihren Tellerstapel fallen lassen vor Schreck. »Der Hund ist schon alt und sehr empfindlich! Der Tierarzt sagt, Mimi ist herzkrank.«

»Ehrlich wahr?«, fragt Jesper verblüfft. »Richtig herzkrank?« Er hat gar nicht gewusst, dass Hunde das auch sein können. Opa Alfred war herzkrank und darum ist der dann auch gestorben. Aber Opa Alfred war natürlich schon alt. Jesper möchte auf gar keinen Fall, dass so was Schreckliches Mimi auch passiert. »Und stirbt sie vom Kitzeln?«

»Gott, Junge, wie du immer redest!«, sagt Tante Ines. »So schnell geht das hoffentlich nicht.«

Mimi liegt noch immer auf dem Rücken und

langt mit den Vorderpfoten nach Jesper. Das soll bedeuten, er soll sie weiter kitzeln. Aber jetzt weiß Jesper ja, dass das nicht geht.

»Nein, Mimi, ich kitzel dich auf gar keinen Fall«, sagt er und steht auf. »Da führ ich dich lieber spazieren.«

Spazieren führen ist sowieso das Beste. Man fühlt die Leine so schön ziehig in der Hand, und wenn man einen Mann trifft, der gefährlich aussieht, wie ein Entführer zum Beispiel oder vielleicht wie eine andere Art von Verbrecher, dann kann man einfach ganz fröhlich vorbeigehen und pfeifen. Weil das ja schon klar ist, dass kein Entführer auf der ganzen Welt sich an ein Kind rantraut, das einen Hund spazieren führt. Da würde der Entführer ja gleich gebissen.

»Komm, Mimi, jetzt gehn wir spazieren«, sagt Jesper und geht zur Garderobe. Aber Tante Ines ist schneller. »Nein, Jesper, weißt du, ich glaube nicht...«, sagt sie und sieht ganz unglücklich aus. »Die Mimi ist so ein empfindlicher Hund...«

Aber in diesem Moment kommt zum Glück Mama aus der Küche. »Ach, nun lass das Kind doch gehen, Ines!«, sagt Mama energisch. »Dann haben

wir unsere Ruhe, der Hund hat Bewegung und man kann das Jesper bestimmt schon zutrauen.«

Jesper guckt zu Mama hoch. Manchmal ist sie wirklich sehr lieb.

»Das kann man mir schon zutrauen, klar!«, sagt er schnell. »Ich bin ja schon in der Schule!«

Tante Ines guckt Mama an.

»Du kannst ihm ja erklären, worauf er achten muss«, sagt Mama und das tut Tante Ines dann auch. Jesper muss darauf achten, dass Mimi nicht von Fremden gefüttert wird und dass sie ihr Geschäft nicht mitten auf dem Gehweg erledigt, und wenn Jesper an eine Straße kommt, muss er stehen bleiben und »sitz!« sagen. Und er darf Mimi auf gar keinen Fall von der Leine lassen, weil sie dann überfahren werden kann, und wenn es anfängt zu regnen, muss er unbedingt sofort nach Hause kommen. »Die Mimi erkältet sich sonst!«, sagt Tante Ines. »Das ist nicht gut für ihr Herz! Lass sie auf keinen Fall nass werden!«

»Auf keinen Fall, schwör ich dir, du Tante Ines!«, sagt Jesper und hebt drei Schwurfinger in die Luft. »Ich pass gut auf sie auf, das schwör ich dir heilig.«

Tante Ines nickt und guckt ihm ein bisschen ängstlich nach, wie er mit Mimi die Treppe nach unten rennt. Für ihr altes krankes Herz kann Mimi noch richtig schnell flitzen.

Auf der Straße ist es ganz weihnachtlich ruhig. Ein paar schön angezogene Leute gehen eingehakt spazieren und aus einem Fenster im Erdgeschoss hört Jesper Geschirr klappern. Da sitzen sie jetzt alle und müssen ihren Weihnachtsbraten essen, aber Jesper darf ganz alleine seinen Hund spazieren führen. *Seinen* Hund, das denkt er jetzt nämlich. Und er kann ja wirklich mal so tun, als ob Mimi sein eigener Hund ist. Weil es so ein gutes Gefühl ist, wenn er sich vorstellt, dass Mimi *sein* Hund ist, und er hat sie vielleicht zu Weihnachten gekriegt. Darum geht er mit Mimi von Baum zu Baum, wie das ein echter Hundebesitzer auch machen würde. Damit sie ihr Geschäft erledigen kann. Aber Mimi will immer nur schnüffeln.

»Na, Jesper?«, sagt da plötzlich eine Stimme hinter ihm. Aus seiner Haustür kommt Nicki in einer ganz neuen Jacke, das sieht Jesper sofort. »Gehst du nur so rum?« Jesper zieht die Nase

hoch. »Darfst du heute nicht fernsehen?«, fragt er.

Nicki zuckt die Achseln. »Ist ja grade nichts Geiles«, sagt er gelangweilt. »Wie findest du meine Jacke, echt American Football, wie findest du die?«

»Geil«, sagt Jesper und guckt ein bisschen neidisch.

Natürlich hat Nicki wieder so eine Jacke gekriegt. Ihm würde Mama nie so eine kaufen. Die kauft nur immer die dicken, warmen mit Kapuze, richtig für Babys.

»Und was hast du sonst noch gekriegt?«

»Telespiel«, sagt Nicki und hält Jesper ein Kaugummi hin. »Und geile Stiefel und eine total geile Jeans. Alles voll gut.«

»Ja, alles voll gut, Nicki?«, sagt Jesper. Er denkt, dass er eigentlich eine Güterlok besser findet und eine Schatzinsel, aber das darf er natürlich nicht erzählen. Weil Nicki dann nur wieder sagt, das ist doch alles nur Babykram.

»Ich hab ja den Hund«, sagt Jesper darum schnell. Er holt einmal tief Luft.

»Den hast du gekriegt?«, fragt Nicki ungläubig

und geht in die Knie. »Den kleinen Zwerg da? Wie heißt denn der Zwerg?«

»Mimi«, sagt Jesper und hockt sich dazu. Nicht dass Nicki seinen Hund vielleicht noch ärgert. »Und der *muss* so klein sein. Der ist reinrassig und alt.«

»Ehrlich wahr?«, fragt Nicki und zieht Mimi ein bisschen am Ohr. »Aber beißen tut der nicht.«

»Nee, beißen tut der nicht«, sagt Jesper. Er weiß nicht genau, ob das nun gut oder schlecht ist. »Nur wenn ich es sage.«

Nicki lässt seine Kaugummiblase platzen. »Echt?«, fragt er und zieht Mimi am anderen Ohr. Aber wirklich nur ein bisschen. »Kampfhund ist das aber logisch nicht.«

»Nee, Kampfhund ist das nicht«, sagt Jesper unglücklich. Bestimmt findet Nicki, dass Mimi kein besonders toller Hund ist. »Aber kann ganz schön gefährlich sein, du!«

»Ja, kann der das, ehrlich?«, sagt Nicki und steht wieder auf. »Aber Tricks wie Lassie kann der nicht, oder? Menschen retten bei Gefahr oder den Sheriff holen oder was?«

Jesper seufzt. Jetzt muss er es Nicki beweisen.

»Sheriffs gibt es ja gar nicht!«, sagt er entschieden. »Und Tricks kann Mimi ja tausend«, und dann packt er die Leine fester und sie gehen los zum Kanal.

Am Kanal ist die Hundewiese, da steht Jesper sonst manchmal und guckt zu, wie die Leute Stöckchen schmeißen. Aber heute muss er nicht zugucken. Heute hat er ja selbst einen Hund.

»Los, Mimi, komm her, hol das Stöckchen!«, ruft Jesper und er hebt einen trockenen Zweig vom Boden auf. Man kann richtig sehen, dass Mimi schon aufgeregt wird, so doll wackelt sie jetzt mit ihrem winzigen Schwanz.

»T-t-t!«, macht Jesper und spuckt auf den Zweig. Das muss man so machen, sonst holt ihn der Hund nicht.

»Jetzt sollst du aber mal sehen, Nicki!« Und er schmeißt den Stock, so weit er kann, und Mimi rennt wirklich hinterher. Und als sie wiederkommt, lässt sie sich den Stock ganz leicht aus der Schnauze nehmen wie ein gut erzogener Hund und dann holt sie ihn noch mal und noch mal und noch mal. Jesper darf gar nicht mehr aufhören mit dem Schmeißen.

»Also, so was Besonderes finde ich das nicht!«, sagt Nicki maulig. Er hat die ganze Zeit zugeguckt. »Also, die Lassie, zum Beispiel...«

»Willst du auch mal?«, fragt Jesper großzügig. Jetzt hat er schon so oft geworfen, jetzt kann er Nicki ruhig mal lassen.

Und *so* doof findet Nicki Mimi wohl auch wieder nicht. »Bring her, Mimi, bring her!«, schreit er und schmeißt ihr den Stock und Mimi ist auch lieb und läuft für Nicki genauso wie für Jesper. Dreimal macht sie das und da findet Jesper, jetzt ist es genug.

»Jetzt muss sie nach Hause, gib her!«, sagt er darum, als Nicki den Stock zum vierten Mal aus Mimis Schnauze nimmt. »Jetzt muss sie sich erst mal erholen.«

Aber Nicki gibt ihm den Stock nicht zurück. »Erholen?«, schreit er. »Das muss die jetzt schon? Was ist denn das für ein blöder Hund? Die Lassie, die holt den Stock sogar aus dem Wasser!« Und mit einem riesigen Schwung schmeißt er den Stock direkt in den Kanal.

»Mimi!«, schreit Jesper, aber es ist schon zu spät. Mit wilden Sprüngen saust Mimi auf ihren

kurzen Beinen zum Kanal und am Rand zögert sie nur einen winzigen Augenblick. Dann ist sie schon drin.

»Mimi!«, schreit Jesper.

Natürlich ist er froh, dass Mimi so mutig ist wie Lassie, aber wo sie doch auf gar keinen Fall nass werden darf!

»Mimi, komm raus!«

Aber das tut Mimi sowieso. Sie schwimmt zum Ufer und klettert aus dem Wasser und dann schüttelt sie sich so doll, dass die Tropfen bis zu Nicki und Jesper fliegen. Als sie ihnen den Stock zurückbringt, kann man richtig sehen, wie stolz Mimi ist. Furchtbar stolz und vergnügt.

Aber Jesper ist kein bisschen vergnügt.

»Du blöder Idiot!«, schreit er und haut Nicki gegen seine neue Jacke. »Da holt sie sich doch den Tod! Das ist doch viel zu kalt, du Idiot!«

Nicki schiebt Jespers Hand zur Seite. »Die Lassie, die kann…«, sagt er unsicher.

»Blödmann!«, schreit Jesper. »Die Lassie, die macht das im Sommer! Und wie krieg ich die Mimi jetzt trocken?« Und er guckt sich wild um, aber natürlich liegt da am ersten Weihnachtsfei-

ertag nirgendwo so einfach ein Handtuch auf der Wiese am Kanal. Wenn er Mimi abrubbeln will, muss er was von seinen Sachen nehmen.

»Komm her, Mimi, du sollst dich nicht erkälten«, sagt Jesper und zieht seine dicke warme Jacke mit der Kapuze aus. Damit rubbelt er Mimi jetzt ab, und weil die Jacke danach sowieso zu nass zum Anziehen ist, wickelt er Mimi auch noch darin ein und nimmt sie auf den Arm.

»Jetzt trag ich dich aber nach Hause, kleine Mimi«, sagt Jesper. »Da kann dein altes Herz sich schön erholen.« Und dann geht er einfach an Nicki vorbei, als ob der Luft wäre.

Soll der sich doch vor seine blöde Glotze setzen, denkt Jesper und klappert mit den Zähnen. Ich trag jetzt meinen Hund nach Hause und dann trink ich einen warmen Kakao.

Die Mimi auf seinem Arm ist schwer wie ein Stein und das hat er vorher nicht gewusst. Zweimal muss er unterwegs Pause machen, aber Mimi leckt ihm immer so lieb übers Gesicht, dass er fast vergisst, wie schwer sie ist und wie furchtbar er friert. Sie sieht auch kein bisschen erkältet aus.

Im Treppenhaus setzt Jesper Mimi wieder auf den Boden.

»Jetzt musst du alleine laufen, Mimi«, flüstert er und zieht sich die nasse Jacke über. Sie riecht jetzt ganz wunderbar nach Hund. «Und bloß nichts verraten!«

Aber Mimi schweigt wie ein Grab.

Als Mama die Tür aufmacht, zischt sie an ihr vorbei auf den Flur.

»Gerade pünktlich zum Kaffee trinken«, sagt Mama fröhlich. Dann sieht sie die nasse Jacke.

»Jesper!«, sagt sie leise. »Was hast du denn gemacht?« Jesper legt einen Finger gegen den Mund. »Geheimnis!«, flüstert er. Und weil Tante Ines da ist, fragt Mama auch wirklich nicht nach. Nur dass sie an der Jacke riecht, ist nicht so gut. Da kann sie sich bestimmt was denken.

»Ach, der Jesper ist auch schon zurück!«, sagt Tante Ines, als Jesper ins Zimmer kommt. »Zum Glück hat es ja doch nicht angefangen zu regnen.«

»Nee, hat es nicht, zum Glück«, sagt Jesper und setzt sich schnell auf einen Stuhl neben Janna, bevor es noch irgendwem einfällt, dass er sich

unbedingt die Hände waschen muss. »Kein biss-chen hat es geregnet.«

»Du bist ja doch ein ganz zuverlässiger kleiner Kerl«, sagt Tante Ines freundlich. »Und deine Schwester hat uns eben grade so ein schönes Weihnachtsgedicht aufgesagt. Kannst du denn auch eins?«

Jesper überlegt, ob er vorschlagen soll, dass sie noch einmal das Krippenspiel aufführen sollen, über das Mama und Papa sich gestern so schreck-lich gefreut haben. Aber irgendwie hat er das Gefühl, dass Tante Ines von Krippenspielen nicht viel versteht.

»Nee, kann ich leider nicht«, sagt er darum bedauernd. »Aber ich kenn mich mit Hunden aus.«

Und dann nimmt er sich ganz schnell einen von den guten Keksen, die Mama immer nur kauft, wenn Besuch kommt, und er denkt, dass Weihnachten in diesem Jahr doch wieder sehr schön war.

Wenn er Glück hat, kriegt er seinen Schäfer-hund ja vielleicht im nächsten Jahr doch noch.

Silvester

Das Gute an Weihnachten ist, dass gleich danach schon wieder das nächste Fest kommt. Das ist Silvester.

»Silvester ist viel besser als Weihnachten«, sagt Jesper. »Silvester kann man ordentlich knallen.«

»Aber nicht bei uns!«, sagt Papa energisch. »Ich hab schon ein schlechtes Gewissen, weil wir unseren Tannenbaum immer schlagen und keinen im Topf kaufen. Wenigstens bei dieser Umweltsauerei zu Silvester will ich nicht mitmachen.«

»Umweltsauerei, immer Umweltsauerei!«, sagt Jesper maulig. »Ich sau ja gar nicht! Ich knall ja nur!«

Aber Papa sagt trotzdem nein. Nur bunte Luftschlangen kauft er ganz viele, damit sie das Wohnzimmer und das Kinderzimmer schmücken können, und auch noch drei Pappnasen für die Kinder.

Am Silvestermorgen muss Mama unbedingt noch mal einkaufen.

»Ich geh mit«, sagt Jesper. »Darf ich, Mama? Ich stör dich auch bestimmt kein bisschen!«

»Nanu?«, sagt Mama verblüfft. »Sonst magst du doch überhaupt nicht mit, wenn ich einkaufe?«

Aber da ist Jesper schon fertig angezogen und Janna auch und Papa sagt, dass er dann mit Jule auch nicht alleine zu Hause bleiben will. Darum kommt er auch mit.

Im Supermarkt sind die Weihnachtssachen längst weggeräumt. Dafür hängen Papierschlangen über riesigen Pyramiden aus Sektflaschen und die Verkäuferinnen an der Käsetheke haben komische, bunte Hüte auf.

»Oh, Silvester, wie toll!«, sagt Janna und Jule zieht eine Papierschlange vom Spülmittelregal.

Aber das Allertollste kommt erst noch. Das Allertollste kommt hinten neben dem Fleischstand, wo Mama jetzt gerade in der Schlange steht. Heute Abend kommen nämlich Reineckes zum Feiern und da soll es Fondue geben.

»Guck mal, Janna, die Knaller!«, schreit Jesper. Neben dem Fleischstand, wo sonst immer das Gewürzbord steht, sind jetzt zwei riesige Tische mit Silvestersachen aufgebaut. »Sogar Chinaböller gibt es, Papa, und Sonnenräder und Raketen!«

»O ja, guck mal, Papa«, sagt Janna und zieht Papa ganz vorsichtig an der Hose.

Papa hat Jule auf dem Arm, damit sie nicht in

116

all die bunten Silvestersachen greift, und Jule schreit: »Haben! Haben, Jule!«, und zappelt wie verrückt. Darum ist Papa natürlich nicht so besonders guter Laune.

»Ich hab euch doch gesagt...!«, sagt Papa und er kann Jule gerade noch schnappen, bevor sie sich kopfüber zwischen die Tischfeuerwerke stürzt.

»Nur einen ganz kleinen Goldregen, Papa?«, fragt Janna mit ihrer liebsten Stimme. »So einen ganz winzigen niedlichen Goldregen?«

Papa setzt Jule auf seine Schultern und seufzt.

»Okay, *einen* Goldregen«, sagt er. »Für jedes Kind. Und meinetwegen einen Silberregen dazu.«

»Und so klitzekleine fergalische Zündhölzer vielleicht, Papa?«, sagt Janna wieder. Mit ihrem Finger tippt sie ganz vorsichtig gegen Papas Bein. »Die fergalischen, die so bunt sind?«

»Also meinetwegen!«, sagt Papa. Auf seinen Schultern versucht Jule jetzt über seinen Kopf zu klettern.

»Meinetwegen auch bengalische Zündhölzer. *Eine* Packung. Aber dann ist...!«

»Und Knallerbsen?«, sagt Janna schnell. »Die gar nicht gefährlich sind, Papa? Teil ich mir mit Jesper. Knallerbsen auch?«

»Gut, also Knallerbsen«, sagt Papa ungeduldig. »Eine Schachtel für Jesper und eine für dich. Aber dann ist Schluss!«

»Oh, du bist aber lieb, Papa, vielen Dank!«, sagt Janna und packt die Sachen ganz schnell in den Einkaufswagen. »Das ist aber ein tolles Silvester!«

Da versucht Jesper es auch noch mal.

»Und eine klitzekleine Packung Chinaböller, Papa?«, flüstert er. »Und eine *ganz* klitzekleine Packung Raketen?«

»Nein!«, sagt Papa so laut, dass ein paar Leute sich zu ihm umdrehen. »Nein hab ich gesagt! Schluss ist Schluss!«

So ist es immer, denkt Jesper böse. Mal wieder typisch ungerecht. Janna muss nur mit ihrer Babystimme fragen, schon kriegt sie alles, was sie will, aber wenn Jesper…

»So, mit dem Fleisch bin ich fertig!«, sagt Mama. »Habt ihr schon gewartet? Jetzt kaufen wir noch ein paar Fonduesoßen, die schummeln wir zwischen die selbst gemachten.«

»Ketchup musst du nehmen, Mama«, sagt Jesper schnell. Mit den Böllern klappt es nun ja sowieso nicht. »Den gibt es jetzt mit dem vollen Geschmack reifer Tomaten! In der praktischen Familienflasche, Mama. Guck mal, den da.« Aber Mama sagt, sie braucht Fonduesoßen, vielen Dank, und dann gehen sie gleich zu den Kassen.

Auf dem Weg fällt Mama ein, dass sie noch ordentlich Saft kaufen müssen, für die Kinderbowle.

»Oder Cola, Mama?«, sagt Jesper schnell. »Können wir lieber Cola?«

»Saft«, sagt Mama entschieden. »Und daraus machen wir die beste Bowle...«

»Dann diesen da!«, sagt Jesper und hält Mama eine Flasche Orangensaft hin. »Da sind zwölf sonnengereifte Apfelsinen drin!«

»Da sind was?«, fragt Mama verblüfft.

»In jeder Flasche!«, sagt Jesper aufgeregt. »Zwölf sonnengereifte Apfelsinen! Weiß ich von Nicki!«

»Der rennt rum und zählt die Apfelsinen in den Flaschen?«, fragt Mama. »Wie macht der das?«

»Nicki doch nicht!«, sagt Jesper ungeduldig. »Das Fernsehen! Da sagen sie das immer! Zwölf sonnengereifte...«

»Hätte ich mir ja denken können«, sagt Mama. Aber den Saft kauft sie nicht. Sie kauft einen anderen, den Jesper bei Nicki noch nie im Fernsehen gesehen hat, und auch als Jesper ihr erklärt, dass in dem Fernsehsaft auch noch Vitamine drin sind und Kalzium, lässt sie sich nicht umstimmen. Da gibt Jesper auf.

Am Nachmittag dekorieren sie das Wohnzimmer und das Kinderzimmer mit Luftschlangen und dann kommen Reineckes mit Manja. Manja ist so alt wie Janna, aber sie hat keinen großen Bruder, und darum schreit sie immer gleich, wenn Jesper sie ein winziges bisschen schubst oder ganz laut »Buh!« ruft. Mamas ganz besonders leckere Kinderbowle will sie auch nicht, weil da Ananasstückchen drin schwimmen, und Ananas mag Manja nicht. Darum möchte sie gerne Cola und das hatte sich Jesper ja gleich gedacht. Aber Mama wollte im Geschäft natürlich mal wieder nicht auf ihn hören.

Trotzdem wird es ein wunderschönes Silvester.

Zuerst essen alle Fondue, mit Papphüten auf den Köpfen, und dann sitzen die Erwachsenen im Wohnzimmer und trinken Sekt und die Kinder sitzen im Kinderzimmer und essen Berliner und zwischendurch schleichen sie sich zum Wohnzimmer und schmeißen mit Luftschlangen. Jule schläft bei all dem Krach mitten auf dem Fußboden ein, obwohl sie noch angezogen ist, und Jesper und Janna bauen sich mit Manja unter dem Küchentisch eine Silvesterhöhle. Da legen sie ganz viele Kissen rein, bis es richtig gemütlich ist, und dann kuscheln sie sich zusammen und spielen, dass sie arme Kinder im Wald sind und die Berliner sind ein armselig trocken Brot. Bis Janna auch eingeschlafen ist.

Aber Jesper weckt sie ganz schnell wieder auf.

Jesper hätte sich nie gedacht, dass Silvester so anstrengend sein kann. Weil es nämlich ungefähr hundert Stunden dauert bis Mitternacht und vorher darf man nicht schlafen, weil man dann das Feuerwerk verpasst. Aber dann schlägt im Fernsehen doch endlich die Uhr und die Erwachsenen küssen sich und sagen »Prost Neujahr«, und dabei donnern sie ihre Sektgläser gegeneinander,

dass Mama ein bisschen Sekt auf Frau Reineckes Kleid verschüttet. Aber die sagt, es macht überhaupt nichts.

Hinterher gehen sie vor die Haustür und da ist ordentlich was los. Raketen zischen in den Himmel, Sonnenräder drehen sich am Zaunpfosten und immer muss man aufpassen, dass man keinen Knallfrosch gegen die Beine kriegt.

»Toll!«, sagt Jesper, aber Janna hat ein bisschen Angst und will nicht mal mehr ihren Goldregen selber halten. Nur die Knallerbsen pfeffert sie auf den Boden, aber bei all dem vielen Feuerwerk kann man gar nichts davon hören. Da muss Janna fast ein bisschen weinen.

Am nächsten Morgen wachen alle erst auf, als es schon beinahe Mittag ist. Nur Jule ist schon um halb sieben wach geworden und natürlich Mama. Die hat schon alles schön aufgeräumt und die Fonduesachen abgewaschen und zum Frühstück backt sie im Ofen die letzten Berliner auf und sagt, nun sollen aber alle mal ordentlich essen, weil es das Mittagessen heute erst am Abend gibt. Da ist es sogar noch mal ein besonderer Tag.

»Aber nun guck dir das an, Jesper!«, sagt Papa und hebt Jesper aufs Fensterbrett. »Was da draußen alles rumliegt! All die Hüllen von den Knallsachen! Verstehst du jetzt, warum die Silvesterknallerei eine Umweltsauerei ist?«

»Versteh ich gut, mhm, Papa, versteh ich gut«, sagt Jesper und guckt nach draußen. Mindestens tausend Papphüllen liegen draußen auf dem Fußweg. Und manche sehen so aus, als wären sie noch ganz gut.

»Da mach ich lieber mal Umweltschutz, Papa, soll ich?«, fragt Jesper und klettert schnell vom Fensterbrett. »Wenn du mir eine Plastiktüte gibst. Dann sammel ich den ganzen Kram da weg. Dann ist alles wieder sauber.«

»Das willst du tun, Jesper?«, sagt Papa und er sieht ganz gerührt aus. »Das willst du wirklich tun? Jetzt freu ich mich aber über dich, du.«

»Klar, ich mach jetzt Umweltschutz«, sagt Jesper und steigt ganz fix in seine Winterstiefel. »Dass die Sauerei vorbei ist. Gib mir mal 'ne Tüte.« Und dann saust er schnell die Treppe nach unten und vor die Haustür. Eigentlich hat Jesper gedacht, dass noch viele Böller heil sind.

Von oben hat das so ausgesehen. Aber leider sind die meisten doch schon abgeknallt und Jesper muss erst ganz viele leere Hüllen in seine Plastiktüte tun, bevor er endlich einen richtigen Böller findet. Einen mit Zündschnur dran, der noch funktioniert.

»Nanu?«, sagt Papa, als Jesper an der Wohnungstür Sturm klingelt. »Deine Begeisterung für den Umweltschutz hat aber nicht lange angehalten, Jesper! Das waren ja höchstens zehn Minuten!«

»Da ist ein heiler Böller, Papa!«, schreit Jesper und schmeißt die Tüte auf den Flur. So besonders voll ist sie wirklich nicht. »Das ist ein heiler Böller, den müssen wir unbedingt knallen lassen! Sonst findet ihn noch ein kleines Kind und tut sich weh! Komm, lass den mal knallen, Papa, jetzt gleich!«

Papa lacht, aber er geht mit vor die Haustür und zündet den Böller an, und er knallt wirklich furchtbar laut. Also hat sich der Umweltschutz doch gelohnt. Darum nimmt Jesper sich hinterher auch wieder seine Tüte und sucht weiter, aber leider ist jetzt absolut nichts mehr zu finden.

Da setzt Jesper sich auf die Mülltonnenboxen und wartet, dass einer kommt, mit dem er spielen kann. Die besonderen Tage sind jetzt vorbei. Jetzt kommen ganz lange nur die normalen.

Kirsten Boie

Man darf mit dem Glück nicht drängelig sein

Weil Mama plötzlich zur Fortbildung muss, fahren
Anna, Magnus und Linnea mit Papa nach Schweden.
Papa wäre zwar lieber nach Ibiza geflogen, wie da-
mals, als sie noch eine richtige Familie waren, aber
schließlich ist das Ferienhaus bereits gebucht. Und
überhaupt! Sind Anna, 11, Magnus, 7, und Linnea, 4,
nicht auch Papas Kinder? Eigentlich muss es doch
ein Glücksurlaub werden! Das Haus in Schweden ist
rot und liegt mitten in einem Birkenwald, in der Nähe
gibt es einen See mit einem Boot und die Sonne
scheint wie auf Ibiza ...
Wenn nur Friedrich
nicht plötzlich aufge-
taucht wäre, der Sohn
von Papas neuer Frau.
Aber Anna hat ja ihren
Glücksstein ...

Oetinger

Bücher
für die Weihnachtszeit

Dorothée Kreusch-Jacob:
Weihnachtsnüsse eß ich gern
Geschichten, Gedichte und Lieder
zur Winters- und Weihnachtszeit
dtv junior 7982

Hisako Aoki / Ivan Gantschev:
Die Weihnachtsgeschichte
erzählt vom Weihnachtsmann
dtv junior 7984 Ab 5

Ursel Scheffler / Jutta Timm:
Ach, du dicker Weihnachtsmann
dtv junior 7995 Ab 5

Gunhild Sehlin:
Marias kleiner Esel
Eine Weihnachtslegende
dtv junior 7071 Ab 8

Katharina Kühl:
Weihnachten auf freier Strecke
dtv junior 70416 Ab 10

Andreas Steinhöfel:
Es ist ein Elch entsprungen
dtv junior 70450 Ab 8